KB042315

정책학의 향연

인문학 거장들의 정책학적 사유

권기헌 저

박영사

　정책학의 궁극적인 목적은 인간 존엄성을 충실히 실현시키는 것이다
(Lasswell, 1951). 이러한 목적을 위해서 정책학은 "인간이 사회 속에서
봉착하는 근본적인 문제", 즉 문명사적 갈등, 시대사적 사회변동, 세
계적 혁명추세, 체제질서 차원에서 일어나는 문제 등의 해결에 초점
을 맞추게 된다.

　정책학에서 '인간의 존엄성'만큼 가슴 뛰게 만드는 단어가 있을까?

　라스웰H. Lasswell이 정책학을 창시한 것도 인간의 존엄성이라는 지존
至尊의 가치 때문이었다. 그는 트루먼 대통령의 일본에 원자폭탄 투하 결
정을 보고, 이는 미국의 국가이익에는 부합할지 모르나, 인류의 생존, 즉
인간의 존엄성에는 반하는 정책결정이 이루어졌다는 데 대해 충격을 받
았다. 비록 정치학이 훌륭한 학문이기는 하나 실증주의적 가치만을 추구
하는 것에 반대하여 새롭고 독창적 학문패러다임, 정책학을 제창하였다.

　이처럼, 정책학은 그 출발점 자체가 인간에 대한 관심이었고, 인간이
살아가는 삶과 존엄의 문제가 학문의 대상이었다. 하여 본서에서는 정
책학의 인문학적 사유에 대해서 다루어보고자 한다. 니체, 쇼펜하우어,
하이데거와 같은 실존주의 철학자의 삶과 사상을 알아보고, 마틴 셀리
그만, 칙센트미하이, 가드너, 혹은 프로이트나 아들러와 같은 긍정 혹은
창조심리학자들의 고민과 사유에 대해서 알아보고 그 폭을 가늠해 보고
자 한다. 그리하여 그들이 이 사회에 대해서 던진 문제의식과 솔루션
Solution에 대해(만약 그런 게 있다면) 알아보고자 한다. 정책학과 인문학의 만
남이라는 주제로 펼쳐지는 향연饗宴, 즉 사상과 철학의 축제인 셈이다.

　이 축제의 향연饗宴에 여러분을 초대한다. 거장들이 펼친 화려한,
때론 진지한 사유思惟의 잔치에서 그들이 품었던 고민과 사상의 깊이
를 느껴보길 바란다.

복합성과 불확실성으로 대변되는 이 시대의 흐름 또한 인간의 존엄과 휴머니즘에 대한 근본적인 고찰을 요청하고 있다. 따라서 본서는 정책학의 인식론적 토대를 고찰하고, 그 본원에 대한 인식의 확장을 도모하고자 한다.

인간은 무엇인가? 인간의 '자아'란 무엇이며, '의식'이란 어디로부터 오는 것인가? 인간의 존엄성이라고 할 때 그 '존엄'의 본원적 원천은 무엇인가?

휴머니즘과 인간의 존엄성, 유발 하라리 담론과 인간의식에 대한 재고찰, 니체의 초인과 괴테의 향상심, 그리고 이러한 인문학적 토대가 4차 산업혁명의 미래에 어떻게 반영되어야 할지에 대한 고민을 토대로 정부 4.0 모형의 제도와 행태 그리고 리더십에 대해서 논의해 보고자 했다.

이 책이 나오기까지 많은 사람들의 도움이 컸다. 특히 연구실의 대학원생들에게 감사의 마음을 전한다. 이대웅, 손주희 박사 과정생의 따뜻한 리더십 하에 조동익, 탁성숙, 김세운, 정혜린, 정인호, 이다솔, 김광민, 이주현, 장정연 연구원은 정책학과 인문학 거장들의 사상과 생애를 꼼꼼하게 정리해주었다. 홍윤오, 김정훈, 이정희 박사는 세밀히 읽고 윤필까지 해주는 수고를 아끼지 않았으며, 이다솔, 이주현, 장정연 연구원은 모든 그림과 표들을 추가로 정리하고, 전체적인 구성을 편집하고 정리해주는 등 결정적인 기여를 해주었다. 특별한 감사의 마음을 전한다.

2018년 6월
성균관대 명륜동 연구실에서
권기헌

Contents 차 례

프롤로그

정책학과 인문학의 만남

정책학과 인문학의 만남이 가능한 것일까? 그리고 그것은 필요한 것일까?

인문학은 이 땅에서 인간이 살아가는 삶에 대해 고민한다. 인간 내면의 중심에 존재하는 삶의 양식에 대해 사유하고 성찰한다. "삶이 어디에서 왔는가? 그 근원은 무엇이며, 인간이 된다는 것은 무엇을 의미하는가? 그리고 그 끝은 무엇인가?"1) 철학과 역사는 인간이 살아간다는 삶의 의미와 인간답게 산다는 것은 무엇인가에 대한 삶의 목적에 대해 고민한다. 모든 종교의 전통 역시도 "정결함과 거룩함 속에서 언제나 사랑과 자비, 인간의 존엄 그리고 평등함"2)을 주장하고 있다. 그것은 각기 다른 방식으로 하나의 기본적인 진리를 전한다. 이들은 "동일한 영적 충동에서 솟아나며, 평화, 초월성, 영혼의 자유 같은 동일한 영적 개념"3)을 추구한다.

정책학은 우리 사회의 다양한 정책 현상에 대해 탐구하는 반면, 인문학은 문학, 역사, 철학 등을 중심으로 인류가 살아온 삶과 존재의 근거, 그 문화와 사유 그리고 문명사적 궤적에 대해 고민하고 탐구한다.

정책학은 '인간의 존엄성'을 증진시키고자 하는 학문적 이상을 실현시키기 위해 1951년 라스웰H. Lasswell에 의해서 세워진 독창적 학문체계이다.

'인간의 존엄성'이 의미하는 바가 매우 추상적이다. '인간'에 대한 이해, '존엄'에 대한 이해가 그렇다. 따라서 그 해석의 범위는 매우 넓고 깊을 수밖에 없다. 우선 출발 자체부터가 정책학과 인문학은 문제 의식을 공유하고 있다.

또한, 정책학은 정책과학과 정책철학에 대한 합성어이다. 정책 현상에 대한 과학적 규명과 탐구를 목적으로 하면서도 그 철학적 지향점은 보다 인문학적인, 보다 인간의 존엄성이 충실히 구현된 사회의 실현을 목적으로 한다. 따라서 정책학의 인문학적 사유의 기반과 그 지평이 넓어지고 깊어질수록 정책학의 본래 목적체계에 한걸음 더 가까이 갈 수 있게 된다.

더 나아가, 정책학은 문제지향성, 맥락지향성, 연합학문성이라는 3대 요소를 패러다임으로 구성된 학문이다. 특히 현대적 정책 현상을 규명하기 위해서는 심리학프로이트심리학과 긍정심리학, 인류학사피엔스, 종교학인간의 자아와 행복에 대한 규명 기술학AI, IoT 등 4차 산업혁명 등에 대한 학제적, 통섭적 접근이 필수적이다.

정책학의 인문학적 사유, 그리고 긍정심리학 등에 대한 이해가 깊어질 때 우리나라의 사회자본은 축적되고, 그 토양 위에서 인간의 창의성에 기반을 둔, 보다 높은 가치의 문화와 산업이 가능하게 될 것이다.

이런 논리의 흐름을 배경으로 본서는 정책학과 긍정심리, 정책학과 창조심리, 정책학과 자아탐구, 정책학과 실존철학, 정책학과 사피엔스 역사관 등 정책학의 인문학적 사유와 탐구에 대한 논의를 하고자 한다.

본서의 논의의 흐름은 다음과 같다.

먼저 1부에서 인문학 거장들의 정책학적 사유를 추적한다. 인문학 거장들의 삶과 사상을 살펴봄으로써 이들이 오늘날 우리 사회의 근본적 정책문제에 던질 함의를 고찰해 본다. 그들의 사상적 '고민'을 추적하고, 그 고민 끝에 내놓은 '대안'과 '혜안'은 무엇이었는지를 찾아보기로 한다.

인간의 '실존'과 '자아'의 아픔에 대해 통렬히 고찰한 쇼펜하우어,

니체를 살펴보고, 프로이트, 아들러의 삶에 대해 돌아본다. 또한 우리 사회의 '긍정성'와 '창의성' 향상에 대해 많은 함의를 던져줄 셀리그만, 칙센트미하이, 가드너, 아들러와 같은 학자의 삶을 추적해 본다. 한편, 최근 ≪사피엔스≫ 연구의 대가 유발 하라리의 삶과 지혜를 살펴보고 그들이 던지는 메시지, 그 본질적 의미를 새겨보기로 한다.

제2부에서는 정책학과 인문학의 만남에 대해서 사유한다. 정책학과 긍정성, 창조성, 개인의 자아, 역사관, 존재론적 향상심에 대해서 고찰한다. 정책학과 긍정심리, 정책학과 창조심리, 정책학과 개인자아, 정책학과 생애주기, 정책학과 사피엔스라는 주제에 대해서 살펴본다.

제3부에서는 정책학과 인문학의 공통분모에 대해서 탐색한다. 한 시대를 풍미한 거장들이 던지는 '화두'와 '메시지'들이 지금 이 시대의 '아픔'에 대해 어떤 의미와 '해결책'을 제시하는지에 대해 살펴보고자 하며, 이러한 주장의 근저에 깔린 주장들의 공통분모를 탐색해 본다.

제4부에서는 휴머니즘과 새로운 휴머니즘의 미래에 대해 고찰한다. 사람은 왜 빛나는 삶을 살고 싶을까? 라는 질문을 시작으로 우리가 살고 있는 시대는 어떤 시대의 의미를 조명해 본다. 또한, 그 본질적 의미 속에서 휴머니즘과 휴머니즘의 미래를 고찰해 본다.

제5부에서는 4차 산업혁명 시대의 인문학적 휴머니즘과 정책학의 미래에 대해서 고찰한다. 인문학과 정책학이 정초한 인간의 존엄성과 휴머니즘의 문제에 대해 다시 한 번 고찰하면서, 다가오는 4차 산업혁명 시대가 던져주는 새로운 휴머니즘과 인간의 존엄성 의미에 대해 재조명한다.

마지막으로, 에필로그에서는 정책학과 인문학의 만남의 의미, 그리고 이러한 인문학적 고찰이 정책 현상을 설명하는 데 기여하는 이론적 렌즈를 다시 한 번 정리하면서 글을 맺고자 한다.

인문학 거장들의
정책학적 사유

정/책/학의
향연
A Feast
of
Policy Studies

인문학 거장들의 정책학적 사유

❶ 긍정심리학의 탄생

긍정심리학의 창시자, 마틴 셀리그만

부정성 연구보다는 긍정적 연구가 필요

마틴 셀리그만Martin Seligman이 살았던 미국은 제2차 세계대전이 막 끝난 혼란스러운 시기였다. 제2차 세계대전은 군인 전사자가 2천 7백만 명, 민간인 2천 5백만 명의 희생자가 발생한 인류 역사상 최악의 전쟁이다. 전쟁이 끝난 후 사망한 사람들의 유족은 물론 명령을 따라 사살을 한 군인들도 정신적 고통을 호소했다. 전쟁에 참여했던 대부분의 군인들이 우울증, 정신분열증을 겪었으며, 약물중독, 자살이라는 결과를 초래했다. 이에 심리학의 연구들도 정신질환에 치중되어 있었다.

실제로 이러한 정신질환에 대한 연구는 정신질환을 이해하고, 치료하고, 예방하는 데 많은 도움이 되었다. 하지만 거기까지였다. 정신질환을 연구함으로써 정신질환을 예방할 수는 있었지만 사람들을 행복하게 할 수는 없었다. 제2차 세계대전을 겪은 사람들의 정신적 고통을 어느 정도 해결해줬지만 전쟁에 참여하지 않았을 때 겪었던 행복을 다시 느끼게 해주지는 않았다. 그럼에도 어느 누구도 이 문제에 대해 인지하지 못하고 심리학계는 꾸준히 정신질환만을 연구했다.

이렇게 정신질환에 치중되던 심리학계는 마틴 셀리그만4)이 가진 의문 하나로 달라졌다. 당시 그는 심리학 연구 주제 대부분이 우울이나 정신질환문제에 집중되어 있다는 것을 깨달았고, '왜 정신적인 건강에 대한 연구는 없을까?' 고민했다. 그리고 미국심리학회 회장직에 도전했다. 비슷한 고민을 하던 심리학자들에게 앞으로의 심리학계는 문제 중심이 아니라 더 나은 정신건강을 위해 나아가야 할 때라고 주장했다. 마틴 셀리그만의 고민과 발상의 전환은 정신건강의 중요성에 대한 확신이 되어 긍정심리학의 토대를 세우는 동기가 되었다.

긍정심리학을 통한 새로운 해법의 추구

마틴 셀리그만은 정신질환문제를 해결하는데 치중하던 당시 학계에 사고전환을 가져왔다. 그가 1996년 미국심리학회 회장에 당선되면서 심리학계는 더 이상 정신질환에 치중된 연구를 하지 말고 정신건강을 집중해야 한다고 주장했다. 당시 마틴 셀리그만의 주장은 현대심리학의 새로운 연구 방향을 제시한 것이었다.

마틴 셀리그만이 제창한 긍정심리학은 그동안 심리학 연구의 주를 이루었던 우울증, 질병, 장애와 같은 부정 정서에서 벗어나, 인간의 강점과 창의에 관한 연구를 통해 우리 안에 있는 최선의 가능성, 즉 행복, 긍정, 창의 등을 이끌어내는 것이어야 한다고 주장했다.

마틴 셀리그만은 그의 저서인 ≪긍정심리학≫에서 행복에 대해 논하고 있다. 그는 행복의 수준을 영속적인 것과 순간적인 것으로 분류

했다. 순간적인 행복을 증가시키는 요소로는, '초콜릿, 코미디 영화, 안마, 꽃' 등 관찰 가능하거나 물질적인 것들이 있는데, 이들은 모두 외부로부터 주어지는 요소들이다. 반면, 영속적인 행복은 내면적인 것들로서 진정한 행복에 해당하는 것들이다. 마틴 셀리그만은 진정한 행복에 대한 세 가지 조건을 제시했다. 그것은 첫째, 즐거운 삶pleasant life이어야 하고, 둘째, 몰입하고 열정적인 삶engaged life이어야 하며, 셋째, 의미가 있는 삶meaningful life이어야 한다는 것이다.[5]

아울러 그는 행복 이외에도 긍정, 창의 등에 대해 집중했다. 또한 긍정심리학이 나아가야 할 세 가지 연구 방향을 제시했는데, 그것은, 첫째, 인간의 긍정심리상태positive states에 관한 연구, 둘째, 개인의 긍정특성positive traits에 대한 연구, 셋째, 긍정제도positive institutions의 확산에 대한 연구이다.

긍정심리학의 접목을 통한 긍정정책학의 연구

마틴 셀리그만이 제창한 긍정심리학은 인간의 본질적인 행복에 대해 연구하는 학문이다. 인간의 본질적인 행복은 인간의 존엄성을 뜻한다. 따라서 긍정심리학 연구는 정책학의 존재론적 목적인 인간의 존엄성을 실현시킬 수 있는 중요한 토대가 된다. 인간의 존엄성을 실현하기 위해서는 당장 먹고사는 문제도 중요하지만, 장기적으로 인간이 행복하고 자생할 수 있는 여건을 마련해 주는 일이 더욱 중요하기 때문이다.

긍정심리학은 또한 조직, 인사, 동기부여 분야 등에도 많은 시사점을 제공해 준다. 정부 구성원들의 어떤 상태가 조직몰입으로 이어질 수 있는지에 대해서, 정책적으로도 어떤 인사정책이나 성과보상을 통해 조직 구성원의 의욕을 증진시킬 수 있는지를 알기 위해서는 긍정심리학적 연구가 기반이 되어야 한다.

최근에는 긍정심리자본과 같은 '보이지 않는 자본'이 주목을 받고 있다. 이러한 보이지 않는 자본이 확산될 수 있는 전략을 마련하는 데에도 긍정심리학이 필요하다. 단순한 갈등관리 기제들을 적용하는 데 그칠 게 아니라 어떻게 하면 국가의 거래비용이나 갈등비용을 줄일 수 있는지에 대한 연구가 필요한데, 이는 정책학 연구에 긍정심리학적 관점의 접목이 절실히 필요한 이유이다. 많은 연구를 통해 갈등없는 사회가 곧 긍정심리가 많은 사회는 아니라는 것을 확인할 수 있다. 갈등을 조정하는 것도 필요하지만 궁극적으로는 사회자본이나 긍정심리자본이 풍요로워질 수 있는 정책방안을 연구하는 것이 필요하다. 이는 갈등을 미리 예방하거나 차단하는 데 결정적인 계기가 될 것이다.

쉬/어/가/기

마틴 셀리그만의 생애사

마틴 셀리그만Martin Seligman은 1998년 미국심리학회회장을 역임했으며, 현재는 펜실베니아대학교University of Pennsylvania의 심리학과 교수로 재직 중이다. 그는 칙센트미하이와 함께 긍정심리학 연구를 시작했고, 긍정심리학을 창시한 학자이다.

마틴 셀리그만은 1942년 미국에서 태어났다. 당시 미국은 제1차, 2차 세계대전을 겪으면서 외적으로는 물론 내적으로도 많은 문제를 겪고 있었다. 특히 전쟁을 겪은 사람들의 정신적 고통이 보다 심각했다. 정신적 고통은 우울증, 마약중독에서 심지어 자살로까지 이어졌다. 이러한 문제를 해결하기 위해 정신질환에 대한 연구가 주를 이루고 지속적으로 이어졌다.

이러한 시기에 마틴 셀리그만은 사고의 전환을 시도했다. 인간의 문제에 대한 연구보다는 인간의 좋은 가치인 긍정, 행복, 창의에 주목했다. 이에 긍정심리학을 창시했고, 많은 연구를 통해 토대를 마련했다. 마틴 셀리그만은 《긍정심리학》《낙관성 학습》《완전한 행복》 등 다수의 논문과 책을 집필했다. 이를 통해 긍정심리의 중요성을 주장함은 물론, 긍정심리를 어떻게 하면 잘 활용할 수 있는지에 대한 방법도 알려주었다. 그는 "Review of General Psychology"에서 선정한 20세기 가장 많이 인용·언급된 심리학자 31위에 오르기도 했다.

몰입과 행복의 대가, 칙센트미하이

절망 속에서 꽃 피는 행복

칙센트미하이Csikszentmihalyi가 살았던 이탈리아는 경제대공황, 제2차 세계대전 등으로 혼란을 겪고 있었다. 제2차 세계대전은 인류의 역사상 가장 많은 인명 및 재산 피해를 남긴 전쟁이었다. 사람들의 웃음과 행복을 뺏어가고 슬픔과 절망을 남겼다. 사랑하는 가족들과 친구들을 잃었고 도시는 폐허가 되었다.

전쟁의 참혹함을 보고 자란 칙센트미하이의 고민은 커져만 갔다. 칙센트미하이는 사람들이 다시 일어서기를 바랐다. 그러기 위해서는 사람들이 행복해져야 한다고 생각했지만, 가족, 재산, 사회적 위치 등 모든 것을 잃은 사람들은 점점 더 절망감에만 빠져들었다. 이러한 상황 속에서 주위를 둘러보니, 모든 것을 잃고도 행복해 하는 사람들이 있었다. 이를 본 칙센트미하이는 '물질적인 것 없이도 사람은 행복할 수 있을까?'라는 궁금증을 품게 되었다.

이에, 칙센트미하이는 학문 연구에 몰두했다. 그는 행복의 근원에 대한 심리학 공부를 시작했는데, 당시 심리학에서는 뇌나 정신장애를 가진 사람들을 대상으로 한 연구만이 이루어지고 있었다. 칙센트미하이는 정신장애를 가진 사람들에 대한 연구보다는, 정신장애가 없지만 전쟁으로 인한 후유증 극복 혹은 인간의 근본적인 행복에 대한 연구를 진행하고 싶었다. 그는 일반 사람들에 대한 심리 연구의 중요성을 인식했고, 몰입과 행복에 대한 긍정심리 연구를 통해 사람들이 다시 행복한 삶을 살았으면 좋겠다는 학문적 동기를 갖게 되었다.

몰입을 통한 창의적이고 행복한 삶

칙센트미하이는 행복에 대한 연구를 통해, 행복은 다양한 요인들에 의해 영향받지만, 특히 내면의 준거 기준이 중요함을 확인하였다. 개인이 행복을 경험하는 순간은 자신이 원하는 일에 관심을 가지고 몰입하는 순간이다. 이렇듯, 칙센트미하이는 행복과 함께 몰입flow에 주목하였다. 이에 몰입을 통한 심리적 상태를 연구하여 몰입이론을 체계화했다.

몰입이란 무언가에 집중해 있는 상태이다. 주위의 모든 잡념과 방해물은 차단하고, 무언가에 모든 정신을 집중하는 것이다. 개인은 자신이 몰입했던 경험을 바탕으로 자아를 확장시키고 자존감을 높일 수 있으며, 이 과정에서 느끼는 행복과 즐거움은 삶의 질을 향상시킨다. 칙센트미하이는 진정한 행복이란 순간순간 충분히 몰입하고 있을 때 찾아오는 것이라고 보았다. 몰입은, 이를 위해 준비하고, 마음속에서 성장시키며, 사라지지 않도록 스스로 지켜내야 하는 특별한 것이라고 생각했다.

몰입을 경험하기 위해서는 세 가지의 방법이 필요하다.

첫째, 지속적으로 목표가 이어져야 한다.

둘째, 즉각적인 결과가 나타나는 것이 좋다. 사람은 목표와 피드백이 있어야 집중하게 된다.

셋째, 자신이 할 수 있는 능력에 맞게 목표를 설정해야 한다. 즉, 자신의 목표에 걸맞게 도전해야 한다.

그림 1-1 과제와 실력의 함수관계

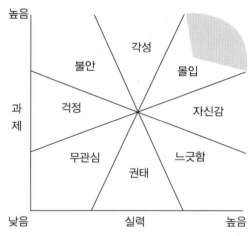

자료: 칙센트미하이, 1999

위 그림은 과제와 실력의 함수관계를 보여준다. 과제와 실력을 자신의 상황에 맞게 적절하게 선정하고, 낮은 단계에서 높은 단계로 발전시켜야 한다. 자신의 실력에 비해 과도하게 어려운 과제를 갖게 되면, 불안과 걱정에 휩싸이게 되고, 자신의 실력에 비해 과도하게 쉬운 과제를 부여하면, 지루함이나 권태로움에 빠진다. 가장 좋은 상태는 부여한 과제도 높고, 본인의 실력도 높아서, 과제와 실력 둘 간의 정합성이 발생하여 몰입이 이루어지는 상태이다.

칙센트미하이는 행복에 대해 다음과 같이 말한다.

"돈과 안전, 편안함은 인간을 행복하게 하는데 필요할지 모르지만 절대 충분조건은 될 수 없다.

자신의 능력을 충분히 활용하고 잠재능력을 계발할 수 있다는 느낌을 받아야 한다." 칙센트미하이, 《몰입의 경영(2006)》

몰입과 행복이론에 기초한 긍정정책학

정책학의 궁극적인 목적은 인간의 존엄성을 실현하는 것이다. 인간의 존엄성을 실현하기 위해서는 인간을 행복하게 만드는 정책이 뒷받침되어야 한다. 인간을 행복하게 만드는 정책이란 단순히 경제적 지원뿐만 아니라 국민들이 자신의 꿈을 가지고 몰입할 수 있는 조건을 만들어주는 정책이다. 단기적 복지는 필요하지만 장기적으로는 스스로 독립하여 생활을 영위할 수 있도록 지원해주는 정책이어야 한다. 정책학에서 칙센트미하이라는 학자를 주목하는 이유는 바로 이러한 까닭에서다.

칙센트미하이는 몰입이라는 모형을 제시하고 사람들의 근본적인 정신문제에 대해 탐구했다. 몰입이론과 긍정심리학은 다양한 정책학 분야에 적용할 수 있다. 조직, 인사정책 혹은 인적자원관리human resource Management에도 매우 중요한 이론적 토대가 된다. 조직 내 긍정심리확산을 증진시키거나 혹은 정부업무평가를 함에 있어서, 조직구성원들에게 어떤 인사정책이나 성과보상이 필요한지를 결정할 때에도 매우 중요한 기준이 될 수 있다.

또한 긍정심리자본과 같은 '보이지 않는 자본'이 확산될 수 있는 정책적 방안을 연구할 때에도 몰입은 필요한 이론이다. 최근 들어 '보이지 않는 자본'의 중요성이 커짐에 따라 긍정심리자본에 대한 정책학적 인식이 확산되고 있다(권기헌, 2015 : 12). 몰입이론과 긍정심리학은 정책과정에서 다양한 이해관계자들의 심리상태에 대한 기준을 새롭게 제시해주고 있다. 갈등을 조정하는 것도 필요하고 중요하지만, 사전에 미리 긍정심리자본을 확산시켜 갈등을 미리 예방하거나 차단시키는 것이 더욱 중요하다.

미하이 칙센트미하이의 생애사

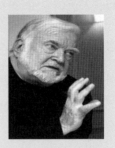

　미하이 칙센트미하이Mihaly Csikszentmihalyi
는 40년 동안 시카고대학교 심리학과와 레
이크 포레스트 칼리지Lake Forest Collage 인
류학과에서 교수로 재직했다. 현재는 피터
드러커 경영대학 교수 및 '삶의 질 연구소'
소장으로 재직 중이다.

　칙센트미하이는 1934년 이탈리아의 피우
메에서 태어났다. 5살이 되던 1939년 제2차 세계대전이 일어났고,
이후 절망에 빠진 사람들을 보면서 행복에 대한 고민을 시작했다.
1956년에 미국으로 이민을 가, 1958년 시카고대학교에서 행동주의
심리학으로 박사학위를 취득했다.

　칙센트미하이 교수는 '긍정의 심리학' 분야의 선구적 학자이다. 그
는 인간의 삶을 보다 더 행복하고 창의적이게 할 수 있는가에 대해
연구해 왔다. 칙센트미하이는 ≪몰입의 즐거움≫≪몰입의 경영≫
등 몰입에 관한 다수의 논문과 책을 집필했고, 이를 통해 몰입의 중
요성을 주장하였다. 그의 이론은 경영학과 심리학 분야에서 아주 많
이 사용되는 이론이며, 최근 들어 정책학 분야에서도 많은 주목을
받고 있다. 1996년, 미국의 빌 클린턴Bill Clinton 대통령은 칙센트미
하이 교수를 가장 좋아하는 학자로 꼽기도 했다.

❷ 창의성이론과 실존지능

다중지능이론의 창시자, 하워드 가드너

창의적 사고와 창조적 재능의 발견

하워드 가드너가 살았던 당시 미국사회는 획일적 지능검사가 각광 받고 있었다. 공립학교에 다니는 사람이라면 누구나 IQ 검사를 받았으며 대학진학을 위해 SAT 학업평가를 필수적으로 치러야만 했다. 당시 사람들은 지능은 타고난 것이고, 노력을 해도 일생 변하지 않는다고 생각했다. 획일적인 시험으로 지능을 평가하고 순위를 매기는 것은 획일화된 교육 체계를 만들려는 사람들에게는 좋은 제도였겠지만, 지능점수가 낮은 아이들에게는 상처가 되는 제도였다. 지능에 대한 획일화된 시각은 한 개의 정답만 존재하는 획일화된 시험으로 학생과 학교의 발전을 측정토록 한 것이었다.

그러한 사회적 인식과 교육정책은 학교의 교육을 경직되게 만들었고 단순한 인지능력만을 신장하도록 만들었다. 학생들마다 가지고 있는 능력은 개개인마다 다름에도 불구하고 정규 교육을 기계적으로 학습하게 함으로써, IQ나 SAT에 적합한 학생에게 유리하도록 구성되어 있었다. 그로 인해 학생들은 IQ나 SAT에 맞춘 마음을 가지게 되었고, 하워드 가드너는 그런 학생들의 마음을 '미래의 법학 교수의 마음'이라고 불렀다. 그러한 마음을 가진 학생들일수록 IQ와 SAT와 같은 검사에서 더 쉽게 적응하고 더 높은 성취도를 보였다.

이러한 정규 교육은 행정학적 관점의 형평성에도 어긋났다. 같은 것은 같게수평적 형평 다른 것은 다르게수직적 형평 평가한 것이 아니라 다른 것도 같게 평가했다. 이러한 평가는 인지능력 점수를 기준으로 하여 모든 사람을 일률적으로 정렬시킨다는 위험한 발상이기도 했다.

하워드 가드너Howard Gardner는 이러한 교육 방식이 불공정하다는 것을 인식했다. 그는 훌륭한 축구 선수, 세계적 피아니스트, 챔피언들은 각 분야에서 다른 사람들보다 우월한 능력을 발휘할 수 있는 사람들임에도 불구하고, 지능을 단일화하고 획일적으로 검사하는 시스템으로는 뛰어난 사람들을 식별해낼 수 없다고 판단했다. 그리고 수많은 사람들을 획일적인 시험 하나로 평가하는 것은 잘못일 뿐만 아니라 위험하다고 생각했다. 이러한 시대적 배경 속에서 하워드 가드너는 다음과 같이 고민했다.

"획일화된 시험 말고 인간의 다양한 재능과 창의성을 측정할 수 있는 이론은 무엇일까? 그리고 재능과 창의성이 최대한 창출될 수 있는 교육제도는 무엇일까?"

창조적 재능과 다중지능에 기초한 새로운 교육 패러다임

하워드 가드너는 획일적인 시험을 통해 지능을 측정하고 이를 맹신하는 이유가 무엇일까에 대해 연구하였다. 그 이유는 지능은 타고난 것이고, 노력을 해도 일생 변하지 않는다는 인식 때문이라는 점을 발견했다. 하워드 가드너는 이러한 문제점을 발견하고, 이에 대한 대안으로 다중지능이론을 제시했다.

하워드 가드너는 그동안 사람들이 지적능력intelligence이라 불렀던 지능검사는 지능의 개념을 매우 협소하게 보았다는 것을 발견했다. 그는 과학적 연구를 토대로 인간의 지능이라 부르는 인지능력과 재능, 예술과 체육능력을 통합시키려고 노력했다. 사람들은 타고난 저마다의 능력과 소질이 다르다. 올림픽 챔피언이나, 세계적인 피아니스트, 훌륭한 체스 선수들은 인지능력 외에 다양한 체육과 예능의 소질을 가지고 있는 것이다. 이에, 하워드 가드너의 다중지능이론은 언어적 지능linguistic intelligence, 논리·수리적 지능logical·mathematical intelligence,

공간적 지능spatial intelligence, 음악적 지능musical intelligence, 신체·운동적 지능bodily·kinesthetic intelligence, 개인적 지능personal intelligence으로 구분하였다.

한편, 하워드 가드너는 인간의 창조적 재능에 주목했다. 인간은 모두 역할을 수행할 수 있는 잠재력을 가지고 있고, 한 분야에서 숙달한 일을 다양한 방법으로 적용시킬 수 있는 비범함을 가졌다는 것이다. 비범성은 환경에 의해서 나타나고, 창조적 능력은 여러 가지 방법으로 나타난다. 비범성의 탐구는 비범한 사람의 개인적 소질person, 적성에 맞는 분야domain, 그리고 그의 업적을 인정해주는 사회field에서 이루어져야 한다고 주장한다.

하워드 가드너는 그의 저서 ≪창조적 인간의 탄생≫에서 누구나 창조적 능력을 발휘하는 사람이 될 수 있다고 말한다. 이는 인간만이 가진 위대한 특징이다. 창조적 능력을 가진 사람이 되기 위해서는 다른 인물과 경쟁할 필요는 없으며, 다만 자신만의 교육 방식대로 비범성을 만들어 가면 된다. 그러기 위해서는 자신이 어떤 특질을 가지고 있는지, 어떤 사물과 대상에 관심을 가지고 있는지, 그리고 '언어, 색깔, 음계, 논리 등' 어떠한 상징체계에 관심이 있고 능숙한지를 알아야 한다. 그리고 타고난 특성들이 사회 환경적인 조건에 따라 어떻게 변화하는지를 살펴봐야 한다. 이러한 과정을 통해 인간은 누구나 자신만의 스토리story를 가진 대가나 창조자가 될 수 있는 것이다.

이러한 하워드 가드너의 이론은 인간의 지적 행동을 보다 더 창조적이고 현실적으로 반영한 것으로 교육학, 심리학, 정책학에 큰 영향을 미쳤다.

차이와의 공존, 다름을 인정하는 창의적 정책학

하워드 가드너가 심리학계 및 교육학계에 남긴 위대한 연구 업적은 '다중지능이론'의 개념을 제시하고 검증한 것이다. 하워드 가드너의 연구는 뇌 과학이나 인지실험 등을 통해 과학적인 방법으로 여전히 진행 중이다. 기존의 일곱 가지 지능에 한 가지 지능을 추가하여 여덟 번째 지능인 실존지능을 검증하고 있다.

하지만 가드너의 이론은 이미 교육정책 분야에서 큰 역할을 했다. 교육정책의 방향전환은 가히 코페르니쿠스적이라 할 만한 것이었다. 다중지능이론을 교육계에 적용하여 현재의 교육체계를 개선하고 개인의 잠재능력과 창의성을 극대화한 것만으로도 큰 업적을 이루었지만, 나아가 정책학적으로 분석하면, 이러한 다양한 교육정책의 적용으로 인해 사회문제 해결역량이 매우 높게 신장된 것이다. 과거에는 주입식 수업 방식이 주를 이루었다면, 체험 학습이나 토론 학습 등 다양한 방법의 수업 방식 비중이 높아졌다. 과거에는 학생들이 수동적으로 교육을 받았다면, 최근에는 달라진 교육 방식으로 재능과 창의성을 계발하고 있는 것이다.

하워드 가드너의 다중지능이론이 정책학 자체에 주는 시사점은 매우 크다. 먼저, 정책을 만들 때 집단보다는 개인, 대중적인 측면보다는 개성과 같은 개인의 특성적인 측면을 좀 더 면밀히 파악할 필요가 있다는 점이다. 사회적 구성이론이 시사하듯이, 정책대상집단이라고 하여 획일적인 단일 집단이 아니다. 정책대상집단 안에 구성되어 있는 단체들이 다르고, 그 안에 포함된 개인들의 심리적 상태도 각각 다른 것이다.

또한 사회문제를 해결하는 데 있어서 기존의 전통적인 관료제적 행정절차만으로 해결하려는 것에 대해 비판함과 동시에 네트워크 거버넌스 등 다양한 해결수단을 통해 사회문제를 해결하고자 한다. 인사 정책 분야에서도 다중지능이론을 접목시키고자 하는 움직임이 보이고 있다. 조직 구성원이 가지고 있는 지능에 대해 폭넓게 이해함으로써, 개인의 지능과 직무의 통합 정도를 높여 개인의 성과를 높이고자 하는 것이다.

하워드 가드너의 고민은 인간의 존엄성을 실현하고자 하는 정책학의 목표와도 유사하다. 하워드 가드너는 획일적인 시스템 속에서 인간이 평가받는 것을 불공정하다고 여기며, 개성에 따라 각각 뛰어난 지능에 따라 교육을 받을 수 있도록 하는 데 큰 기여를 했다. 이러한 하워드 가드너의 노력은 차이와의 공존, 다름을 인정하는 창의적 정책학을 구성하는 데 있어 큰 함의를 주고 있다. 인간의 존엄성을 실현하는 기초적 전제는 인간은 다양한 특성을 지닌 실존적 존재라는 점을 인정하고 다양한 형태의 정책을 집행하는 것이다. 비유하자면, 인간에게는 8개의 지능이 있다는 것을 인정하는 순간, 정책학 역시 인간의 8가지 지능을 고려해서 다양하게 만들어질 필요가 있다는 점을 인식해야 할 것이다.

쉬/어/가/기

하워드 가드너의 생애사

하워드 가드너Howard Earl Gardner는 하버드대학의 교육심리학과 교수이자 보스턴 의과대학 신경학과 교수이다. 다중지능이론의 창시자로, 이 이론은 세계의 교육학계가 앞으로 어떻게 나아갈 것인가에 대해 방향성을 알려주고 있다. 하워드 가드너는 하버

드대학에서 발달심리학을 전공하고 1971년에 하버드대학교에서 박사학위를 받았다. 그는 하버드대학교와 보스턴대학교에서 Post-doc 연구를 하면서 인지발달이론과 두뇌기능 연구에 몰두했다. 이때 그의 관심은 영재아동들에게로 쏠리게 되고, 그는 하버드 '프로젝트 제로project zero'라는 유아발달 연구를 주도하게 된다. 그는 이 연구를 토대로 발달심리학과 영재특성에 관련된 많은 논문을 발표했다.

12년 뒤인 1983년 하워드 가드너는 기존에 진행하였던 연구를 바탕으로 한 다중지능에 관한 첫 번째 저서인, ≪마음의 틀Frames of Mind(1983)≫이라는 책을 출간한다. 그는 이 책에서 기존의 지능개념인 IQ를 비판하고, 새로운 지능의 개념을 제시했다. 일곱 가지 다중지능(음악지능, 신체운동지능, 논리수학지능, 언어지능, 공간지능, 인간친화지능, 자기성찰지능)을 제안하고, 각 지능에 대한 설명과 이론적 근거를 제시했다.

현재는 더욱 세분화되어 여덟 가지 다중지능이 되었다. 그리고 10년 뒤, 그는 '다중지능의 실체'를 다룬 ≪다중지능Multiple Intelligence: The Theory in Practice(1993)≫을 출간하게 되었다. 기존에 출간한 ≪마음의 틀≫이 순수하게 이론적으로 다중지능을 설명한 책이라면, ≪다중지능≫은 다중지능을 응용하는 방법, 특히 교육적으로 응용하는 방법을 염두에 두고 출간한 책이다. 그는 ≪마음의 틀≫을 읽은 독자들이 다중지능이론을 실제 교육에 적용하려고 시도하는 모습을 보고, 이 이론을 잘 응용하면 교육계에 공헌할 수 있을 거라고 기대했다. 그리고 실제로 그러한 변화는 교육정책의 패러다임을 바꾸어 놓았다.

❸ 정신분석학과 아들러심리학

정신분석학의 창시자, 프로이트

인간 '실존'과 '자아'

프로이트는 오스트리아 출신의 의학자, 생리학자, 심리학자, 철학자이며, 정신분석학의 창시자이다. 또한 그는 근대사회의 인간이 가진 이성적 믿음을 해체한, 인류의 정신 연구에 한 획을 그은 세계적인 학자이다. 그는 인간심리의 해석에 심도 깊은 고민을 하였으며, 근대적 합리성을 전제로 한 인간관을 전복시켜, 인간 행동을 깊이 있게 이해하는 데 새로운 관점과 함의를 제공한 인문학의 거장이다.

프로이트의 인간에 대한 이해는 심리학뿐만 아니라, 사회과학에 있어서도 인간의 본질에 대한 학문적 변화를 가져왔다.

프로이트는 유대인인 아버지와 어머니 사이에서 태어난 유대인으로, 당시 유럽의 반유대주의에 많은 영향을 받은 학자이다. 그 당시 유럽에서 유대인들은 사회 고위층으로 진입할 수 없었으며, 이에 프로이트는 많은 좌절과 실망을 겪어야만 했다. 특히 1873년 비엔나 의과대학에 입학한 프로이트는, 그곳에서 횡횡하던 반유대주의적 편견을 목격하고, 깊은 좌절을 맛보게 된다. 유대인이란 이유로 천대받고 사회적으로 소외되어야 하는 현실은 프로이트에게 커다란 충격으로 다가왔다.

또한 프로이트가 살았던 시대는, 욕구를 표출하는 것이 금기禁忌시되는 사회 분위기 속에서 사람들이 자신의 감정과 욕망을 억압하는 삶을 살고 있었다. 외형적으로는 신사적이고 세련됨으로 포장되었지만, 사람들의 내면은 욕망의 해소를 원하고 있었던 것이다. 그러나 욕망의 해소를 갈망하는 자의식은, 사회적 분위기에 억눌리면서 스스로에 대한 경멸을 불러일으켰고, 이는 내면의 죄의식으로 이어졌다.

프로이트가 살았던 시대에 보편적으로 신봉되던 심리철학은, 소위 '심신이원론心身二元論'이다. 심신이원론이란, 몸과 마음은 분리된 실체로서 작용하고, 서로 영향을 미치지 않는다는 것이다. 심신이원론에 의하면 모든 신체적 증상은 신체적인 원인이 있어야만 나타날 수 있다고 보는 것이었다.

그러나 프로이트는 그 당시 널리 받아들여진 심신이원론에 반대하며, '심신일원론心身一元論'을 주장하였다. 즉, 몸과 마음은 별개가 아니라 서로 밀접하게 상호작용하며, 심리적인 원인에 의해서 얼마든지 신체적인 증상이 야기될 수 있다고 주장하였다.

프로이트는 정신병을 일으키는 심리적 원인을 찾기 위해 노력하였다. 그는 '자유연상기법'을 이용하여 환자들을 편한 자세로 눕게 한 후에, 마음속에 떠오르는 것을 무엇이든지 이야기하게 하여 정신병의 심리적 원인을 찾아나갔다. 특히 프로이트는 정신병 환자들을 진료하는 과정 중에 '성性', 즉 본능적 욕구를 지나치게 억압하는 것이 인간의 정신병 원인이 된다는 점을 발견하였다. 결국 허위적인 시대의 분위기가 사람들의 심리적 압박과 죄의식에 영향을 주어 보편적 질환인 '히스테리'를 유발한다고 보았다.

금욕적인 당시 분위기에 정면으로 도전한 프로이트는 절친하던 선배와 동료들에게 철저히 따돌림을 당하기도 했다. 하지만 인간의 욕구와 자아에 대한 프로이트의 고민은, 그로 하여금 정신적 질환이 곧 생리학적 질병이라는 새로운 패러다임을 깨닫게 했으며, 그의 학문적 이론을 발전시키는 데 도움을 주었다.

자아의 '무의식'적 심연을 통한 인간과 사회의 병리 현상 이해

프로이트의 정신분석에 따르면, 인간의 무의식은 거대하게 자리 잡고 있으나, 빙산의 일각에 지나지 않고, 인간은 리비도libido라는 욕망에 의해 조종된다는 주장으로 요약할 수 있다.

프로이트의 정신분석이론psychoanalysis은, 기본적으로 인간에 대한 정신결정론psychological determinism과 무의식적 동기unconcious motivation 라는 두 가지 개념으로 정리할 수 있다(Arlow, 1989 ; 이희영 외, 2013).

먼저, 정신결정론은 인간의 어떠한 행동도 우연히 일어나지 않으며, 모두 심리적 원인을 갖는다는 이론이다. 즉, 모든 행동은 어떠한 원인으로 설명될 수 있다는 것으로서, 이에 정신분석학은 인간의 감정, 사고, 행동의 숨겨진 원인을 찾아내고자 노력한다. 프로이트에 따르면, 인간의 행동은 무의식적 동기와 생물학적 욕구 및 충동, 그리고 생후 약 5년간의 생활경험에 의해 결정된다(이희영 외, 2013).

다음으로, 무의식적 동기는 인간에게 의식, 전의식, 무의식의 세 가지 의식 수준이 있다는 것이다(Coery, 2000 ; 김동배 외, 2006).

첫째, 의식consciousness은 어느 한 개인이 현재 각성한 모든 것(감각, 지각, 기억 등)을 말한다. 프로이트에 의하면 의식은 우리 정신생활의 작은 부분에 지나지 않는다.

둘째, 전의식preconsciousness은 의식의 한 부분이 아니며, 인간이 조금의 노력을 통해 의식 속에 떠올릴 수 있는 생각이나 감정들이므로, 정신세계에서 무의식과 의식을 연결하는 역할을 수행한다.

셋째, 무의식unconsciousness은 개인이 자신의 힘만으로는 떠올릴 수 없는 생각과 감정들을 말한다. 이러한 무의식 속에는 인간 자신과 사회에 의해 용납될 수 없는 감정이나 생각, 그리고 충동들이 억압되어 있다. 프로이트는 인간의 모든 정신 과정이 이 무의식으로부터 기원한다고 보았다. 무의식은 욕구나 본능이 깊게 자리하고 있는 영역으로, 인식할 수 없으며 직접적으로 확인할 수도 없는 영역이지만(김동배 외, 2006), 프로이트는 이 영역에 인간 행동의 중요한 인과적 요인이 잠재되어 있다고 보았다(이희영 외, 2013).

이러한 무의식적 동기와 더불어, 프로이트는 인간과 사회의 병리현 상을 이해하고자 할 때 '성격'을 중시했으며, 이를 성격이론이라 부른 다. 성격이론은 인간의 성격은 원초아id, 자아ego, 초자아superego 세 가지 요소로 구성되어 있으며, 각 요소들은 자체적으로 고유의 기능 을 갖지만, 인간의 행동은 항상 이 세 요소 간 상호작용의 결과로 이 루어진다(Carver & Scheier, 1988; Hall & Lindzey, 1980).

첫째, 원초아id는 인간 성격의 가장 원초적인 부분으로 신생아가 가지고 있는 최초의 상태이다. 선과 악을 구분하지 못하고, 실현할 수 있는 것과 불가능한 것을 구분하거나 억제할 수 없다. 인간은 출생 시부터 삶의 본능eros과 죽음의 본능thana-tos을 가지고 있으며, 삶의 본능이 가지고 있는 에너지를 리비도libido라고 한다.

둘째, 1차적 사고과정은 주관적 현실만을 다루고 있기 때문에, 참 된 만족을 위해서는 현실세계와의 접촉이 필요한데, 이러한 접촉으로 인해 성격의 두 번째 요소인 자아ego가 형성된다. 자아는 행동을 통제하고 반응해야 할 환경의 특징을 선택하 고 어떤 본능을 어떤 방법으로 만족시킬 것인가를 결정하기 때문에, '성격의 집행자'라고도 불린다. 원초아는 주관성을 추구하지만 자아는 객관성을 추구한다. 즉, 자아의 목적은 원초아의 욕망을 영구적으로 막는 것이 아니라, 원초아의 욕 망이 적절할 때 적절한 방식으로 만족할 수 있게 하는 것이다 (Arlow, 1989 ; 이희영 외, 2013).

셋째, 초자아superego는 사회의 가치를 구체화한 것으로, 옳고 그 름을 결정하며 쾌락보다는 완성을 향해 노력한다. 초자아는 자아이상ego ideal과 양심conscience이라는 하위체계로 구성 된다.6)

인간자아와 무의식을 통한 인간의 존엄성 실현

프로이트는 인간의 행동이 무의식적인 동기 및 욕구에 의해 나타나며, 많은 사람들은 자신이 가진 욕구를 충족시키기 위해서 행동한다고 말한다. 프로이트의 이론은 정책학의 존립 근거인 '인간의 존엄성'을 본원적 관점에서 다시 한 번 탐구하게 한다. 즉, 인간의 자아와 무의식을 찾아가는 과정을 통해, "인간이란 무엇일까?", "인간의 자아는 어떻게 구성되어 있을까?", "인간이 존엄하다는 것은 무엇일까?"라는 근본적 질문을 성찰하게 한다.

"인간이란 무엇일까?", "인간이 존엄하게 산다는 것은 무엇일까?"에 대한 깊은 이해가 없다면, 정책학이 내세우는 인간 존엄성이란 공허한 말뿐일 것이다. 이러한 관점에서, 인간자아와 무의식에 대한 과학적 이해를 통해, 인간의 존엄성에 한발 더 다가가려고 노력했던 프로이트의 이론은 정책학이론의 중요한 인식론적 토대를 제공해 주고 있다.

프로이트의 이론은 정책학의 선구자인 라스웰에게 영향을 미쳤는데, 이런 관점에서도 인간의 본능과 욕구를 찾고자 한 프로이트의 노력과 라스웰의 인간 존엄성 실현의 공통 목표를 찾을 수 있다. 라스웰은 프로이트의 정신분석이론을 정치학 분야에 활용하고자 하였다. 가령, 정치 지도자들의 어린 시절의 성적 경험에 대한 지식을 통해 정치인들이 왜 급진적이나 보수적으로 되는지, 어떤 정치인들은 왜 혁명적이거나 과격한지를 보여주는 경험적 증거로 사용했다. 라스웰은 이러한 인간의 자아 형성 혹은 본질에 대한 지식이 미래정책학에 대한 중요한 의미를 가지게 될 것이라고 믿었다(송기인, 2015). 즉 정책학에 있어서 정신분석학의 경험적 연구를 활용한다면, 사회의 근본적인 문제를 처방하거나 예방하는 데 큰 도움이 될 것이라는 것이다.

지그문트 프로이트의 생애사

지그문트 프로이트Sigmund Freud는 크림 전쟁(1853~1856)이 끝나던 해인 1856년 5월 6일, 오스트리아의 모라비아 지방에 있는 작은 마을 프라이베르크에서 태어났다. 1873년 프로이트는 비엔나 의과대학에 입학하여 1881년 의사 자격을 얻었으며, 개인 병원의 신경과 의사로 취직하여 평범한 의사로서의 삶을 살던 중에 일대의 전환기가 찾아온다. 1885년 프로이트의 스승이었으며, 비엔나대학 생리학 연구소의 소장을 맡고 있던 브뤼케의 추천으로 여비와 장학금 지원을 받아 파리로 유학을 가게 된 일이다. 프로이트는 그 곳에서 유명한 신경의학자 쟝 샤르코를 만나 그와 함께 공부하게 되었다. 그가 살페트리에르 병원에서 체류하는 동안, 신경학자에서 정신병리학자로 전환하게 되면서 정신분석학을 창시하는 계기를 마련하게 된다.

프로이트는 자신의 이야기를 잘하지 않는 은밀하고도 내성적인 사람이었고, 완벽과 정확성을 추구하는 강박적 성향을 가지고 있었다. 그래서 그의 주변 사람들에게 호감을 주는 성격이 아니었으며, 섬세하고 민감한 성격을 가졌던 그는 자신의 이론을 수용하지 못한 이들과의 불화를 겪게 되는데, 이로 인해 브로이어, 아들러, 랑크, 페렌치, 융 등 가까운 동료들과 결별하기도 하였다.

그는 심한 변덕과 히스테리 발작, 기차 여행 공포증, 모성에 대한 갈증, 여성관계에 있어서의 미숙함, 아버지에 대한 불만과 이상적 아버지상에 대한 갈망, 가까운 사람에 대한 복잡한 애증 등에 대해서도 인간 정신내면을 연구하는 귀중한 자료로 활용하였다(박민철, 2007). 즉 창피하고 고통스러운 자신의 문제들을 공개적으로 인정하는 것이 한 개인으로서 쉽지 않은 결정이었지만, 그는 자신의 결함들의 원인들에 대해 공개하는 한편, 집요한 자기분석까지 실행함으로써 인류의 정신분석학 발전에 크게 기여할 수 있었다.

열등감을 자신감으로 전환시킨 아들러

인간의 자유의지는 존재하는 것인가?

아들러Alfred Adler는 개인심리학의 창시자로서, 프로이트, 융과 더불어 3대 심층 심리학자 중의 한 사람으로 꼽힌다. 아들러는 인간이 환경이나 유전에 의해서 존재가 결정되는 것이 아니라, 세상을 능동적으로 해석하고 창조하는 존재라 주장하며, 기존의 프로이트 중심 심리학계에 큰 반향을 일으킨 학자이다.

아들러는 환경이나 유전 특성과 관계없이, 개인적 노력이나 사회의 사랑에 의해 인간 존재는 달라질 수 있다고 주장했는데, 이는 당시로는 매우 파격적이고 새로운 주장이었다. 한편, 아들러는 당시 학자들이 주장하였던 인간욕구 지배설과, 유전적으로 우월한 인종이 있다는 등의 당시의 편견적 주장에 반론을 제기했다.

아들러의 이론에 영향을 준 시대적 상황은 인류의 비극인 전쟁 시기이다. 아들러는 19세기 말, 제1차 세계대전이 시작된 1914년까지의 벨 에포크Belle e'poque 시대와, 전후 세계대공황 등의 발생으로 인한 사회적 혼란이 심화된 시대를 살았다. 또한 나치즘과 파시즘의 등장으로 새로운 제2차 세계대전의 불씨가 마련되었는데, 이러한 시대적 상황은 아들러의 고민에 큰 영향을 미쳤다.

특히 제1차 세계대전에 참전한 경험은 아들러의 고민에 지대한 영향을 주었다. 그는 군의관으로서 전쟁신경증을 진단하는 일을 하게 되는데, 전쟁 상황이 가져온 트라우마가 심리적 고통의 원인이라는 점에 반대하며, "어떠한 경험도 그 자체는 성공의 원인도 실패의 원인도 아니다. 우리는 경험을 통해서 받은 충격, 즉 트라우마로 고통받는 것이 아니라, 경험 안에서 목적에 맞는 의미를 찾아내야 한다. 경험에 의해 결정되는 것이 아니라, 경험에 부여한 의미에 따라 자신을 결정하는 것이다."라고 주장했다(김이준수, 2015). 이처럼 아들러는 수많은 살인의 참혹함을 보는 과정 속에서 사람들이 과거에 붙잡혀 끊임없이 고통받으며 사는 것으로부터 해방시켜주려고 노력했다. 이와 더불어 인간의 모든 고민은 사회관계 안에서 형성되며 인간관계에서 비롯된다는 것에 집중하면서 새로운 심리학적인 대안을 내놓게 된다.

열등감 극복, 자신감 회복

아들러 심리학의 주요 이론은 '열등감과 보상'이다. 그의 주장에 따르면, 인간은 살아가면서 경험을 통해 열등감을 가지게 되며, 이를 극복하기 위해 노력한다. 이러한 노력은 우월감을 성취하고자 하는 의지이자 보상이다(전은정, 2017 : 5). 즉 아들러는 열등감과 보상을 받고자 하는 노력을 통해 인간은 완전을 향하여 끊임없이 발전할 수 있다고 보았다. 결국 열등감에 대한 보상의 노력은 궁극적으로 '우월성'의 추구로 귀결된다. 우월성의 추구는 인간이 추구하는 궁극적인 목적이다. 이는 단지 열등감의 극복이라는 소극적인 차원이 아니라 보다 적극적으로 인간자아의 향상과 완성을 추구해 나아가는 것이다(김미현, 2015 : 8).

그러나 열등감의 표현이 왜곡될 경우, 자신이 열등하다는 생각에만 집착하여 자신감이 낮아지게 되고 사회 안에 고립되어 단절된 삶을 살아가게 된다. 이에 아들러는 '열등 콤플렉스'라는 용어를 고안했는데, 가령 나폴레옹은 키가 작았기 때문에 위대해졌으며, 색약色弱은 간혹 위대한 화가를 만들어 낸다는 예시를 들면서 설명하였다. 특히 아들러가 말한 열등감은 사회적 관계를 통해 형성되므로 이를 극복하기 위해서는 왜곡된 열등감이 형성된 전체적인 맥락을 살펴보아야 하는데, 이는 통찰력이 요구된다고 주장했다. 즉, 열등감과 불안감이 주위 환경보다 우월해보일 수 있는 목표를 설정해 주어야 하며, 그것이 구체화될 수 있도록 돕는 '동기'가 있어야 한다는 것이다.

아들러는 "열등감에 사로잡힌 사람이 생산적이고 유익한 삶을 살아가게 하는 방법이 무엇인가?"하는 질문을 던지며, 그에 대한 답으로 '공동체감'과 '사회적 관심'이 중요하다고 말한다. 과장된 피해의식과 보상심리에 사로잡히거나, 경쟁적 관점에서 타인과의 관계를 맺는 소모적 상태에서 벗어나야 한다는 것이다(오흥명, 2015 : 77). 타인에게 관심을 두고 그들에게 공헌하려는 의지로서의 '공동체감'과 '사회적 관심'을 회복해 나가는 노력을 통해 '창조적 자아'로 거듭날 수 있는 것이다.

이처럼 열등감을 극복하고 자신감을 회복하는 과정에서 주목해야 할 것은 아들러의 인간관이다.

첫째, 인간은 능동적인 존재이다. 즉 인간은 자기결정력을 가지고 자신이 나아가고자 하는 긍정적인 미래를 지향하는 존재이다. 인간은 자신의 삶을 계획하고 적극적으로 삶을 개선해 나간다.

둘째, 인간은 창조적 존재이다. 인간은 그 스스로 삶을 창조하는 능력을 가진다는 것이며 능동적 존재의 뒤를 잇는 개념이다.

셋째, 인간은 사회적 존재이다. 인간은 근본적으로 사회라는 울타리 안에서 성장하게 되며, 사회의 영향을 받는다. 여기서 사회란 인간으로 하여금 소속감을 갖게 하며 문제를 해결해나가는 용기를 제공하는 동시에 자신의 삶을 실현할 수 있는 현장으로서의 의미를 갖게 된다.

아들러의 인간관에 근거했을 때, 인간이란 생물학적 요인에 의해 통제되는 수동적인 존재가 아니라 긍정적이고 적극적인 창조적 인간상을 구현하려는 존재이다. 인간의 삶은 일정한 목표를 가지고 창조적 성장과 발전을 지향하는 것이다. 인간은 자신의 인생에 대한 목표를 가지고 행동하며, 미래와 공동체에 관심을 가지고 의미를 창출할 수 있다. 아들러가 말하길, 인간이 선택한 목표와 목적을 향해 나아갈 때 필요한 것은 바로 '용기'이다. 용기는 기꺼이 모험을 감행하려는 의지를 의미하는데, 용기가 있음으로 해서 인간은 창조할 수 있고, 선택할 수 있으며, 자기결정을 내리고 목표를 향해 나아갈 수 있다(김미현, 2015 : 7).

인간존엄성의 대한 믿음, 긍정성의 확보

정리해보면, 아들러의 이론은 인간을 존재론적으로 파악함과 동시에 능동적이고 창조적인 존재로 보며, 미래 지향적 목표가 인간을 이끈다는 새로운 방향성을 제시하였다. 더불어 인간에게 외부적 상호작용의 한 축은, 자만심, 우월감, 권력의 추구로 나타나고, 다른 한 축은 사회에 대한 관심과 연대감으로 나타난다고 보면서, 열등감을 자신감으로 바꾸는 인간의 자율적인 의지와 노력을 강조했다.

이와 같은 맥락에서 정책학에게 주는 시사점은 정책학의 존립근거와 연결된다. 정책학의 목적은 '인간의 존엄성 실현'이다. 라스웰이 제창한 민주주의 정책학은 인본주의를 바탕으로 바람직한 미래와 공동체를 열어가는 것이다. 정책학은 정부의 실현의지에 중점을 두는 학문이긴 하지만, 정책학이 정초하는 인간관은 미래를 긍정적으로 보고 낙관적 관점에서 살펴보되 현실을 냉정하게 비판적으로 진단하고 발전 방향을 제시하는 '실천적 이성'과 '비판론적 발전관'을 전제로 하고 있다. 동시에 공동체의 실현을 위해 독단적, 엘리트적 사고에 머물게 아니라 서로 협력하고 공동으로 문제를 해결해 나가는 협력적 거버넌스를 강조한다.

이러한 관점에서, 열등감을 자신감으로 바꾸는 노력과 타인과 협동하여 사회의 긍정적 변화를 이끌어 내고자한 아들러 이론은 실천적 이성과 가치 비판적 발전관을 통해 사회의 긍정적인 변화를 이끌어 내고자 하는 정책학의 인식론적 토대에 많은 함의를 제공한다.

또한 아들러는 경험의 의미를 주체적으로 해석해야 하며, 그것을 바탕으로 미래의 바람직한 발전을 위한 방향성을 확보해야 한다고 주장했다. 이는 우리로 하여금 경험에 매몰되어 과거에 머물러 있지 않고, 이를 주체적으로 해석하려는 노력을 통해 더 나은 미래로 나아가야 한다는 점을 말하고 있는 것이다. 아들러는 이를 위해 필요한 '용기'의 중요성을 강조한다.

이러한 용기는 개인의 내면에서 나올 수 있지만 아들러는 본인과 타인에 대한 신뢰를 바탕으로 한 공동체 감각을 유지할 수 있을 때, 더 큰 용기가 생긴다고 말한다. 최근 우리 사회는 개인적으로도 자신의 처지를 비관하거나 사회적으로도 많은 갈등이 분출되고 있다. 아들러 심리학은 보다 나은 내일과 서로 신뢰하고 협력하는 공동체를 만들어가려는 정책학의 노력에 많은 함의와 통찰력을 제공해주고 있다.

쉬/어/가/기

알프레드 아들러의 생애사

알프레드 아들러Alfred Adler는 1870년 2월 7일에 오스트리아 빈에서 태어났다. 아들러는 6남매 중 셋째로 태어나, 학문적으로 명석하고 운동도 잘하는 형으로부터 심한 열등감을 느꼈으며, 병약한 신체로 인해 남들보다 뒤떨어진다는 생각을 갖고 있었다. 그러던 와중에 한 서커스 공연단에서 열약한 신체 조건을 타고난 곡예가가 부단한 반복 숙달로 단점을 극복해나가는 것을 보면서, "나도 할 수 있다. 현재의 나보다 더 나아질 수 있다."고 다짐하며, 자신의 열등감을 극복하고자 노력했다. 이에 아들러는 학창시절을 심리학·철학·경제학·정치학 및 사회학 등을 두루두루 섭렵하였으며, 의과대학 진학시험을 통과하고, 빈대학에서 의학을 수학하였다. 의사가 되겠다는 그의 결심은 동생의 죽음으로 인해 아주 어린 시절부터 싹트고 있었고, 전공인 의학 외에도 심리학이나 철학 강의에 출석하며 다양한 학문에 흥미를 가졌다. 그는 사회적 문제나 위치에 대해서도 관심을 기울였는데 가난한 급우의 숙제를 도와주거나 그의 집을 방문하며 사회제반문제에 관하여 적절한 경험을 쌓기도 하였다.

그러던 중 1902년 32세의 아들러는 당시 46세였던 프로이트를 만나게 된다. 아들러는 프로이트의 강연에 매료되었고, 그의 문하에 들어가게 되었고 빈 정신분석학회Vienna Psychoanalytic Society를 결성하여 초대 회장을 맡기도 하였다. 그러나 아들러는 인간의 정신 영역에 있어 인간의 의식이 가진 힘, 자유의지, 선택을 중요하게 여겼다. 이에, 아들러는 1912년, 프로이트의 이론을 거부하고 독립하여 '개인심리학회'를 창설하였고, 자신만의 독창적인 이론을 내놓게 된다. 인간의 고민은 인간관계에서 비롯된다는 아들러의 고찰은 ≪미움 받을 용기≫≪나를 가로막고 있는 나에게≫≪아무것도 하지 않으면 아무 일도 일어나지 않는다≫ 등의 서적으로 많은 사랑을 받고 있다.

❹ 사피엔스와 형이상학적 문제

사피엔스의 본질, 유발 하라리

사피엔스의 본질

유발 하라리는 자신의 저서인 ≪사피엔스≫에서 현재까지 인류가 걸어온 삶을 소개하면서 과거의 역사적 사실을 통해 미래의 인류를 예측하였고, 현재를 살아가는 우리들은 과학이 주는 엄청난 혜택과 절망의 갈림길의 사이에 놓여있다고 판단했다. 그는 후속 저서 ≪호모 데우스≫를 통해 갈림길에서의 선택 이후의 미래를 예측하였다. '데우스deus'. 라틴어로 '신'을 의미하는 이 단어는 인류가 호모 사피엔스homo sapiens를 뛰어 넘어 호모 데우스homo deus 즉, 신의 자리에 도달할 수 있게 될 것인지를 서술하였다.

현생 종의 생물학적 정식 학명은 '호모 사피엔스 사피엔스homo sapiens sapiens'이고, 풀어 해석하면 "생각하고 생각하는 사람"이라는 의미를 가진다. 20만 년 전, 지구에 등장한 호모 사피엔스는 아프리카를 떠돌며 수렵과 채집생활을 하는 유인원 집단이었다. 시간이 지나 인지혁명을 통해 자아를 가지게 된 호모 사피엔스는 아프리카를 벗어나 전세계로 퍼져나갔고, 지구를 지배하기에 이르렀다. 그들은 12,000년 전 농업혁명을 이루어냈다. 그리고 현재 산업혁명과 과학혁명, 정보혁명을 거쳐 생명공학 혁명을 아우르는 4차 산업혁명의 시대에 다다르고 있다.

이러한 인류 역사를 조망하는 과정에서 유발 하라리는 사피엔스라는 인류의 종은 어떻게 해서 지구를 정복할 수 있었으며, 여기까지 올 수 있었는지, 그리고 앞으로 왜 사피엔스를 넘어 호모 데우스가 되려고 하는지에 대해서 ≪사피엔스≫라는 저작을 통해 일관되게 묻고 있다. 그의 일관된 고민과 질문은 이것이다.

"과연 호모 사피엔스의 본질은 무엇인가?"

사피엔스의 본질은 상상적 허구를 믿게 만드는 능력

유발 하라리는 허구를 바탕으로 생성된 믿음과 집단적 신화의 창출이 인류가 지구를 지배할 수 있게 된 가장 큰 이유라고 주장한다.

보이지 않는 허구, '상상적 허구imagined reality'를 통해 즉, 모든 사람이 신뢰와 상상력을 통해 새로운 신화를 창조해낼 수 있었다는 것이다. 종교, 국가, 법, 정치, 기업, 화폐가 그러한 것들이다.

상상적 허구란 특정 매개체를 통해 허구의 것을 실제로 존재한다고 믿게 만드는 것으로 정의할 수 있다. 이 상상적 허구는 미래를 창조하기 위한 원동력이자 새로운 발전을 위한 기폭제로 사용된다. 보이지 않고, 존재하지 않는 것을 상상하는 것은 그 주체로 하여금 상상을 통해 미래를 예상하고 직접 구체화시키기 위해 새로운 방향으로 전진할 수 있게 한다. 또한 조직원들의 신뢰를 통해 구체화된 상상은 새로운 가치를 창출해낸다. 이렇게 구체화된 상상은 신뢰를 통해 비로소 새로운 가치를 창출하며, 호모 사피엔스는 언어를 통해 정보공유와 협력관계 형성을 가능하게 되었다.

세상에는 허구와 허구적 상상력이 존재하고 또 필요하지만 허구 지을 수 없는 진실 또한 존재하는 것이 사실이다. 우리가 부인할 수 없는 것들이다. 그것이 바로 초월성과 내재성을 낳는다. 하지만 정책학적 측면에서 유발 하라리가 언급한 상상적 허구는 앞으로 우리가 직면하게 될 문제들을 해결하기 위한 중요한 역할을 수행할 수도 있을 것이다.

시대가 변하고 환경과 사회의 패러다임이 바뀔 때, 그에 속한 조직이나 집단도 이러한 흐름을 받아들이고 변화해야 한다. 급변하는 시대를 살아지는 지금, 환경의 변화를 얼마나 빨리 수용하고 받아들이는가는 조직 또는 집단의 존속과 연관된다. 과거 호모 사피엔스를 제외한 많은 인류들이 사라지게 된 주된 원인 또한 시대의 흐름을 받아들이지 못하였기 때문이다. 이러한 변화의 수용의 중심에는 상상을 통해 미래를 예측하는 상상적 허구가 있다.

또는 기존에 없던 상상된 허구를 창조해 새로운 영역을 구축해야하기 때문이다. 가령, 4차 산업혁명으로 발생하게 될 대량의 실업문제와 인간의 역할에 대한 의문을 해결하기 위해서는 상상적 허구를 통해 다가올 시대에 대한 예측과 대비가 필요하며, 이는 국가적 측면의 정책으로 발현될 필요가 있을 것이다. 이는 정책학에서 이야기하는 정책의 미래예측과 일맥상통하는 것이다.

상상적 허구를 통한 인류 미래의 창조

호모 사피엔스가 지구를 지배할 수 있게 만든 원동력은 보이지 않는 존재를 믿는 능력, 그로 인한 협력과 공존이라고 했다. 하지만 과학기술의 진보를 통해 지금과는 완전히 다른 세상이 될 미래에도 상상과 협력, 공존이라는 힘이 계속 유지될 수 있을까? 이미 많은 인류는 종교의 영역에서 벗어나 객관적 진리인 과학을 믿고 있다. 이러한 현상은 과학혁명을 통해 더욱 심화될 것이다.

또한 상상적 허구를 반영한 비전을 통해 집단이 나아가야 할 방향을 설정하고, 미래로 나아가기 위한 방법을 구체적으로 제시할 수 있어야 한다. 또한 이러한 비전은 다음 세대의 혁명을 위한 기반이 될 것이다. 이것은 상상적 허구imagined reality가 주는 긍정적 기능이라 하겠다.

하지만 앞에서도 언급했듯, 새로운 휴머니즘은 상상적 허구와 함께 인류 역사에 기반한 진실의 토대에 대한 의미를 다시금 새길 필요가 있다. 인간이라는 사피엔스의 생물학적 기반과 함께 형이상학적 토대를 종합적, 유기체적으로 재조명하면서, 새롭게 펼쳐지는 미래세계를 보다 굳건한 휴머니즘 기반 하에 세울 새로운 인식론적 토대와 철학이 필요할 것으로 본다.

쉬/어/가/기

유발 하라리의 생애사

유발 하라리Yuval Noah Harari는 생물학과 역사의 관계, 다른 동물들과 호모 사피엔스의 본질적인 차이, 역사의 정의, 그리고 역사의 방향성, 역사와 행복의 관계 등 폭 넓은 주제를 연구하고 있다. 현재 유발 하라리는 예루살렘 히브리대학교 역사학 교수로 재직 중이다.

그의 연구는 거시적 관점에서 역사를 탐구하는 것을 주된 내용으로 한다. 이와 관련된 주제로는, "역사와 생물학 간의 관계는 무엇인가?", "호모 사피엔스와 다른 동물 사이의 결정적 차이는 무엇인가?", "역사엔 정의가 존재하는가?", "역사는 방향성을 지니는가?", "역사의 대중화 이후 인간은 행복해졌는가?" 등이 대표적이다.

유발 하라리는 폴론스키 상Polonsky Prize을 2009년과 2012년 두 번에 걸쳐 수상하였다. 폴론스키 상은 인문학 분야의 창의성과 독창성을 기리는 상이다. 또한 군대 역사에 관해 작성한 뛰어난 논평을 인정받아 몬카도 상Moncado Award을 수상하였다. 유튜브에 있던 유발 하라리의 세계사 강의가 알려지면서 빠르게 주목받기 시작했으며, 유발 하라리의 MOOC 강의 '인류의 간략한 역사'는 전 세계 8만 명이 넘는 사람들이 등록을 하였다. 2012년에는 '영 이스라엘 아카데미 오브 사이언스Young Israel Academy of Science'에 선정되었다.

천재 과학자의 영적 인간관, 스웨덴보리 이야기

영혼과 감각 사이의 영성 체험

사람들은 누구나 사후세계가 있는지, 그 사후세계가 어떤 세계인지 의문을 갖는다. 종종 매스컴을 통해 죽은 후에 다시 살아 돌아왔다는 사람들이 소개되며, 그들의 이야기가 오르내리지만 단편적일 뿐만 아니라 그 말을 전부 믿기 어려운 것이 사실이다.

스웨덴보리Swedenborg는 언어학·수학·천문학·자연과학·생리학을 연구하였으며, 특히 자연과학을 연구하는 지질학자로서의 권위를 인정받고 스웨덴 정부의 고문顧問으로 활동하였다. 스웨덴보리 역시 사후세계와 우주생성에 대해 깊은 의문을 품고 있었으며, 우주의 모든 창조가 우연이 아닐 것이라는 믿음을 갖고 있었다.

그러던 중 그가 57세가 되던 해, 그의 인생을 송두리째 바꾸어버릴 놀라운 일이 일어났다. 누군가는 그가 깨달음을 얻었다고 하였고, 다른 누군가는 그가 심령체험을 하였다고 하나, 그의 표현에 따르면 그 놀라운 경험은 '천국'과 같았다고 한다. 이후 그는 과학 연구에서 멀어져, 영적 세계 탐구에 몰두하였다.

지금까지 죽음이라는 개념은 오랜 시간 많은 사람들에게 공포의 대상이었다. 부자와 빈자, 종교가 없는 사람과 독실한 신앙을 가진 종교인까지, 죽음을 앞두고선 죽음 이후를 걱정해왔다. 그 누구도 죽음 이후의 세계에 대해 확실하게 말해준 사람이 없었기 때문이다. 그러나 그의 말에 따르면 사후에는 '영원한 세계'가 존재한다고 한다. 즉 죽음은 마지막이 아닌, 보다 광명한 세계에서의 탄생이며, 이것이야말로 인생의 가장 크고 위대한 선물膳物이라는 것이다.

죽음은 끝이 아니다

자연과학에 조예가 깊었고, 여러 발명품들을 개발하며, 30대에 왕립광산국 감독관이라는 명예로운 자리에 오른 스웨덴보리는 당대의 저명한 학자들과 교류하며 다양한 활동을 하던 세계적인 과학자이자 지식인이었다.

그러던 그가 영적 세계靈的世界 탐구에 몰두하면서 과학 연구에서 멀어지자, 많은 사람들은 그의 공백을 몹시 애석해 했다. 하지만 그는 이렇게 말했다. "신神이 나에게 사후의 세계, 영계에 자유자재로 왕래하게 하신 것은 역사에 어떤 기적보다 큰 전무후무한 기적이었다. 나와 같은 과학자는 얼마든지 또 있을 수 있지만, 이는 학문이 아니라 인류의 영원한 생명이 걸린 문제이다. 이 특별한 소명은 내가 과학자로서 공헌하는 것보다 수천, 수만 배 더 중요하다."7)

스웨덴보리가 말한 그 특별한 소명이란, 바로 사람들에게 삶에서 죽음이 끝이 아닌, 즉 인간의 삶이 결코 이 지상에서만 유한한 것이 아니고 영원한 존재라는 것을 각인시켜주는 것이었다.

스웨덴보리는 우주에는 그 근본이 되는 '제 1원인'이 있다는 것을 보여주고자 했다. 그는 '제 1원인'이 다름 아닌 창조주이며, 이러한 창조주는 무한한 지知·정情·의義를 가진 인격자로 보았다. 또한 천지창조가 우연이 아니라, 분명한 목적이 있다는 것이었다.

그렇다면 그가 말한 분명한 목적이란 무엇일까? 그것은 바로 창조주의 사랑의 실천이다. 모든 천지만물은 창조주의 사랑으로 지어졌으며, 그것을 만든 뜻은 인간에게 모든 것을 주고 싶어서였다. 즉 천지창조는 인간을 위함이고, 인간은 창조주의 사랑의 대상이자 기쁨인 것이다. 이러한 창조주의 뜻 아래 인간이 영생이나 천국을 얻기 위해서는, 오히려 역설적으로, 하늘이 아닌 이 땅 위에서 건전하고 경건한 지상 생활을 실천해야 한다는 것이다.

결국 죽음이란 끝을 의미하는 것이 아니며, 하나의 단계일 뿐, 영혼이 사라지는 것은 아니다. 또한 지상에서의 삶을 살면서 사랑의 행적에 따라 자신의 영위가 결정된다. 이른바 선인善人과 악인惡人이다. 인간은 삶을 살아가는 동안 스스로 자신이 천국으로 갈 수 있는 자격을 갖추는지, 지옥을 향하는지 결정하게 되는 것이다.

인간적 자아의 새로운 창, 영적인 실재

스웨덴보리는 과학적이고 천문학적인 정확성을 가진 지식인이었음에도 불구하고, 인간의 형이상학적 이해, 즉 영적인 실재를 보여주었다. 이는 호모 사피엔스가 지니는 생물학적 자아를 넘어서 인간의 영적인 영역을 구체적으로 보여주었다는 점에서 인류에게 매우 소중한 의미를 지닌다.

물론 스웨덴보리가 영체체험을 통해 주장한 영적 실재가 사실인지 아닌지는 알 길이 없다. 하지만 그는 이 시대를 바쁘게 살아가는 우리에게 세상사의 각박한 현실 속에서 어느덧 망각하고 있는 우리의 잃어버린 자아의 본연적 모습에 대해 다시 한 번 생각하게 해주고 있다.

스웨덴보리에 의하면, 인간의 참생명은 육체가 아닌 영체 쪽에 있으며, 육체는 시간이 지남에 따라 늙고 병들지만, 영체는 나이들지 않고 영원하다고 한다. 인간의 영체가 성장한다는 것을 나이를 먹는 것이 아니라, 지적영적 완성을 향하여 끊임없이 성장하는 것으로 본다. 이러한 인간자아에 대한 영적인 이해는 인간의 부분적인 자아관自我觀을 극복하게 해주며, 또한 인간 영혼의 의미, 즉 영적 실체로서 인간 존재의 의미를 다시금 일깨워준다.

스웨덴보리에게 보내는 역사적 인물들의 찬사도 끊이지 않았는데, 대표적으로 헬렌 켈러, 임마누엘 칸트, 랄프 왈도 에머슨, 요한 볼프강 괴테, 칼 융, 미국 시어도어 루스벨트 대통령 등이 있다. 그 중 임마누엘 칸트Immanuel Kant는 "그 수수께끼 같은 능력에 대해 놀라울 뿐이다. 그와 같은 존재는 인류 역사의 과거에도 없었고 미래에도 없을 것이다."라고 하였고, 칼 융은 "스웨덴보리는 위대한 과학자이며, 그의 생애와 저서는 나에게 무한한 감동을 주었다."라고 말했다. 미국의 루즈벨트Theodore Roosevelt 대통령은 "그는 물질을 극복하는 영의 승리를 강력하게 보여주었다. 요즘처럼 양심의 소리가 적고 죽은 듯이 무력하게 보일 때, 스웨덴보리 같은 영적 지도자가 필요하다."고 하였다. 그리고 미국의 대표적 사상가인 랄프 왈도 에머슨Ralph Waldo Emerson은 "그가 만일 위대한 학자가 아니었다면, 사정없이 분석하고 평가하는 여러 방면의 학자, 시인, 작가들 앞에서 꿋꿋하게 서지 못했을 것이다."라고 말했다.

세상은 마치 탁류濁流와 같아서 선함과 악함이 물결치고 있다. 때론 서로 엉켜서 무엇이 진리眞理인지 분명치 않을 때도 있다. 가슴 따뜻한 학문을 지향하며 정책학이 인간 존엄의 실현을 외칠 때, 눈에 보이지 않는 인간의 실재를 보여주고자 한 스웨덴보리의 노력과 그 깨달음에 주목할 필요가 있다. 인간자아가 지니고 있는 영적인 실재에 대한 이해에 한 걸음 다가섬으로써, 정책학이 주창하는 인간의 존엄성에 대한 인식론적 토대는 좀 더 견고하게 다져질 수 있을 것이다.

스웨덴보리의 생애사

스웨덴보리(Emanuel Swedenborg, 1688.2.8~ 1772.3.29)는 발음상 '스베덴보리'라고도 하는데, 스웨덴의 스톡홀름에서 태어났다. 웁살라대학Uppsala University에서 언어학, 수학, 광물학, 천문학, 생리학, 신학을 수학했으며, 자연과학을 연구하여 광산학자로서의 권위를 인정받았으나, 57세에 영적 체험을 겪은 후 하늘의 소명을 받았다고 하며 영능자로 전향했다. 이후 그는 지옥과 천국을 체험한 영적 체험을 수만 쪽이 넘는 글로 남겼다.

특히 스웨덴보리는 과학자로서 ≪자연물의 제1원리≫≪두뇌≫ ≪동물왕국의 경제≫≪합리적 심리학≫ 등의 저서를 썼고, 그 중 ≪자연물의 제1원리≫는 일종의 진화론과 같은 주장으로서, 찰스 다윈이 철저히 탐독한 책이라고 하며, ≪종의 기원≫에 영향을 미친 저서였다고 평가받는다.

이처럼 그는 27년간의 영적 탐구를 통해 수만 페이지 분량의 저서를 남겼으며, 그의 활동은 그의 제자들뿐만 아니라, 헬렌 켈러, 임마누엘 칸트, 요한 볼프강 괴테, 칼 융, 샤를 보들레르, 랄프 왈도 에머슨, 예이츠, 시어도어 루즈벨트 미국 대통령 등 수많은 작가, 사상가, 정치가들에게 깊은 영감을 주었다.

완전한 삶, 디팩 초프라 이야기

심신일여心身一如, 몸과 마음의 교류

1947년 10월 22일, 인도 뉴델리에서 출생한 디팩 초프라Deepak

Chopra는 심신의학과 인간의 잠재력 분야에서 세계적으로 유명한 의학자이다. 어린 시절 디팩 초프라는 수필을 쓰고 소설을 읽는 것을 좋아했고, 작가의 꿈을 키우게 되었다. 그러나 그의 아버지 크리샨 랄 초프라는 초프라가 의사가 되길 원하였고 의학 관련 서적을 읽게 하였는데, 이는 초프라의 관심을 자연스레 의학으로 변화시켜 하버드대 의대에 진학하게 된다. 내과와 내분비학을 전공한 초프라는 자신이 꿈꾸던 이상과 무언가 다르다는 점을 느끼게 되었다. 그것은 바로 정신과 영혼에 무관심하고 신체의 일부만 보고 인간의 병을 판단하는 것은 오류가 있다는 것이다.

디팩 초프라는 모든 것들은 뇌가 작용할 때 영향을 준다는 점에 집중하여 신경과학을 공부하기 시작하였고, 고대 인도의 전통 치유 과학인 아유르베다와 현대의학을 접목하여, '심신의학mind–body medicine'이라는 새로운 분야를 창안하였다. 이는 대체의학을 넘어서 삶의 방식과 현대의학을 통합하는 통합의학으로 불리고 있다.

이에 디팩 초프라는 묻는다.

첫째, 나는 누구인가?

둘째, 나의 자아는 무엇으로 이루어져 있는가?

셋째, 나의 자아가 몸–마음–영혼으로 이루어져 있다면, 몸과 마음은 서로 분리되어 있는가?

넷째, 내 인생의 목적은 무엇인가? 내 영혼의 영역은 몸–마음과는 어떻게 다른가? 그리고 영혼 혹은 정신으로 불리는 무한지성은 어떻게 계발될 수 있는가?

위 네 가지 질문을 통해 디팩 초프라는 인간 스스로가 자기 존재의 숨겨진 부분을 찾아내고자 노력해야 하며, 인간이 그토록 갈망하는 인생의 의미나 고통의 이유, 그리고 사랑, 죽음, 신, 영혼, 선과 악의 수수께끼에 대한 답은 자신에게 있다는 것을 알려준다.

영성과 창의력을 통한 자아탐색

디팩 초프라는 몸과 마음의 분리 불가능성을 기초로, 이를 '몸맘'으로 표현하며 심신의학mind-body medicine을 창조하였다. 가령, 감정을 느낄 때 분비되는 옥시토신oxytocin, 행복을 느낄 때 분비되는 세라토닌serotonin과 더불어, 도파민dopamine, 엔돌핀endorphin 등의 분자들은 인간의 신체에 직접적인 영향을 주고, 개인이 무엇을 생각하던 신체를 이루는 분자들도 그 생각을 따라간다. 인간자아와 더불어 마음속의 이미지가 신경세포를 연결하고, 뉴런이 우리들의 인식, 태도, 직관, 통찰, 영감, 선택에 영향을 준다는 점에 집중한 것이다.

더 나아가 디팩 초프라는 인간자아의 새로운 이해에 있어 몸-마음과 영혼의 관계에 주목한다. 그는 심신의학에 기초한 영성과 창의력의 깊은 연관성에 주목하는 한편, 인간의 영혼은 몸과 마음을 넘어더 깊은 차원임을 깨달았다. 영성과 같은 내면의 깊이는 자기 자신뿐만 아니라 깊은 우주와 소통하게 해주며, 깊이 파고들어 도달하는 곳은 단 한 곳뿐이고, 비유하자면 파도의 끝과 바다의 끝이 같은 곳인 것처럼, 자신의 내면의 깊은 곳이 곧 우주의 깊은 곳이라 말한다.

우주 창조의 원천은 몸과 마음을 초월한 바탕자리에 있기 때문에 여기에 도달하기 위해서 인간은 창의성과 영적 에너지의 향상을 이루어야 한다. 그는 ≪마음의 기적≫에서 이러한 바탕자리를 무한지성이라고 불렀다. 과학자들이 양자의식의 장場이라고 부르는 이 창조의 자리는, "배열, 조직력, 지성"[8]의 원천적 바탕이다. 우주에 편재遍在한 무한지성으로부터 창조의 힘이 나오는 것이다. 무한지성으로부터 지능이, 또 여기로부터 생각, 감정, 느낌이 나온다. 따라서 우리의 최초 생각은 지능으로부터, 그리고 이 지능은 우리의 바탕자리(본성자리)로부터 나온다.

디팩 초프라는 이 초월적 실재, 바탕자리(본성자리)를 각성한 사람들을 더 높은 의식, 높은 차원의 창조적 인간으로 불렀다. 그리고 여기에 도달하기 위해서는 "깨어있는 명상"[9]을 권했다. '깨어있는 명상'은 깊은 차원에서 몸과 마음의 긴장을 푸는 단순한 방법인데, 마음이 차츰 고요해지면, 더욱 깊고 고요한 자각을 통해 자신의 진정한 실재, 영성의 자리를 깨닫게 한다.

인간자아의 종합적인 접근, 영적 인간관

인간의 지성 혹은 창의력 계발 분야에서 세계적으로 유명한 의학자인 디팩 초프라는 하버드의대 출신의 서양의학자였다. 그는 물질적이고 신체에 기초한 서양의학적 인간관에 회의와 부족함을 느꼈고, 곧 현대의학에서 배제된 인간의 마음과 영혼이라는 새로운 차원에 초점을 두고 연구하기 시작했다. 그리하여 그는 인간 존재는 단순한 몸도 마음도 아니고, 몸-마음-영혼으로 이루어진 종합적 실재임을 밝혔다.

디팩 초프라는 인간 존재의 영성의 자리에 도달하기 위해서는(즉 창조적 인간이 되기 위해서는) 깨어있는 명상이 필요하며, 명상을 통해 경험 사이사이의 공백 속으로 들어가 인간자아에 대한 고요한 자각을 통해, 몸과 마음을 넘어선 자신의 실재에 도달할 수 있다고 주장했다.

디팩 초프라는 이렇게 말한다.

"진정한 '당신'은 당신의 몸과 마음이 아니다. 진정한 '당신'은 시간과 공간으로 표현될 수 없는 비국소적 장"[10]이다. 당신의 영(靈, 지성), 곧 "생각을 생각하는 자는 몸과 마음을 통해 스스로를 표현하고 있지만, 이 두 실체가 파괴된다 할지라도 본질적인 당신은 '죽지' 않는다. 왜냐하면 본질적인 당신은 물질이나 에너지로 이루어져 있지 않기 때문"[11]이다.

인간자아의 본성을 이해하고자 한 심신 과학자 디팩 초프라의 노력은, 영적 인간관을 말해주고 있다. 그의 세계적인 저서, ≪완전한 삶≫

에 표현된 영적 인간관은 유발 하라리의 역사학적 인간관과 프로이트의 심리학적 인간관을 넘어서, 형이상학적 차원의 영역까지 확대된 것이다. 그는 인간에 대한 단편적인 이해를 극복하고자 하였고, 이러한 노력을 통해 인간자아의 종합적인 이해를 제시할 수 있었다. 자기 자신의 진정한 실재에 대한 이해 속에서 인간자아에 대한 영적 인간관을 정립했다는 점, 그리고 인간자아의 형이상학적 근거를 제시했다는 점에서 그의 공헌은 매우 크다고 하겠다.

마음을 안으로 돌리고 내면 밖 세계와 접촉하는 감각을 통제하면서 진정한 인간자아를 파악하고자 하는 노력은 자신의 참자아인 아트만을 깨닫고자 하는 인도 철학의 지혜와도 맞닿아 있다.

결국 디팩 초프라의 영적 인간관은 인간자아에 대한 형이상학적 이해를 통해, 인간을 그 자체의 목적과 주체로서 간주하는 새로운 휴머니즘에 한발 더 다가서게 해 준다. 이는 다가오는 4차 산업혁명 시대에, 인간의 존엄성을 주장하는 정책학의 휴머니즘이 정초指向해야 할 중요한 지점이기도 하다. 인간의식의 양자적 도약에 기초한 더 강력한 직관과 통찰력을 계발하면서, 인간자아와 초월적 실재의 연결고리를 마련해 주었다는 점, 그리고 인간의식에 대한 종합적 실재관을 정립하게 해주었다는 점에서 그의 공헌은 큰 의미를 지닌다.

쉬/어/가/기

디팩 초프라의 생애사

1947년 10월 22일, 인도 뉴델리에서 출생한 디팩 초프라Deepak Chopra는 심신의학과 인간의 잠재력 분야에서 세계적으로 유명한 의학자이다. 그는 하버드의대에서 내과, 내분비내과, 신진대사 전문의를 취득하였다. 디팩 초프라는 신경과학을 공부하면서 인간의 몸

만 생각하는 것에 부족함을 느꼈고, 치유에 있어 내면의 연결 그리고 다른 사람과의 연결 필요성을 느꼈다. 이에 고대 인도의 전통 치유 과학인 아유르베다와 현대의학을 접목하여 '심신의학mind-body medicine'이라는 분야를 창안하며 대체의학의 선두 주자로 자리매김하게 된다. 그는 동양철학과 서양의학을 한데 아우른 독창적인 건강론과 행복론을 전 세계 수많은 독자들에게 전해왔으며, 현재 자신이 세운 '초프라 행복 센터Chopra Center for Well-Being'를 중심으로 심신의학이론을 전파하고 있다.

더불어 초프라는 앞으로 도래할 4차 산업혁명에 관하여 가상현실을 이용한 생물학적 기능의 변화에도 주목하고 있다. 그는 머지않은 시점에, 의사에게 가상현실 처방을 받아 평화로운 감정상태를 선사함으로써 완전한 치유를 이끄는, 즉 가상의 경험을 통해 완전한 치유를 유도하는 새로운 치료법의 등장을 예고하고 있다.

1999년, "TIME"지에서 세계에서 가장 영향력 있는 사람으로 꼽혔으며, 뉴욕타임스 베스트셀러를 포함한 ≪완전한 삶≫ ≪마음의 기적≫ ≪바라는 대로 이루어진다≫와 같은 80여 권 이상의 저서가 43개국에 번역, 출판되었다. "TIME"지는 디팩 초프라 박사를 가리켜, '100인의 영웅 중 한 명으로 세기의 아이콘'이라고 평가했다. 더불어 디팩 초프라는 미국 일리노이주 켈로그 경영대학의 교수로서, 그가 지닌 자기 관리, 타인에 대한 의식, 관계의 조절과 같은 법칙을 공유하며, 그 연장선에서 비즈니스 리더십과 경영 분야에서도 활약하고 있다.

❺ 실존주의 철학

힘과 생명력의 철학, 니체

생존과 쾌락에만 연연하는 근대인들의 나약함

니체가 살았던 시대의 유럽은 영국을 시발로 하여 산업혁명이 촉진되던 시기였다. 산업혁명은 유럽의 생산성을 비약적으로 증진시켰으며, 이로 인해 자본주의가 탄생하였다. 정치적으로는 시민혁명이 발생하여 국민에 의해 선출된 대표자가 정책을 심의하는 대의제 공화정치가 발달하게 되었다. 이와 같은 큰 변화에 따라 당시 유럽인들은 새로운 철학이 필요하였는데, 그 결과 나타난 것이 공리주의, 즉 개인의 행복과 쾌락을 극대화하려는 철학이었다. 이와 더불어 모두의 자유와 평등을 주장하는 민주주의가 생겨났으며, 이에 사람들은 생존과 안락함, 그리고 쾌락을 추구하였다. 니체는 이러한 근대인들의 사고를 '병'으로 진단하였다.

니체는 유럽이 병든 이유가 무엇인지 깊게 고민하였으며, 서구 문명의 전체적인 역사 안에서 진행되어왔음을 주장하였다. 소위 '계보학'적 차원에서, 니체는 자신이 생각한 병의 원인을 그리스의 플라톤주의와 기독교 문화로 거슬러 올라간다고 주장하였다. 왜냐하면 이러한 사상들은 현실을 인정하고 현실의 삶 속에서 활력과 역동성을 찾으려는 철학이 아니고 천국과 이데아를 동경하고 찬미하게 만드는 것으로 보았기 때문이다. 그리고 마침내 "신은 죽었다."라고 선언하였다.

힘, 의지, 생동감으로 넘치는 긍정의 철학

니체는 당시 서구 문명 속에서 허무주의에 빠진 '나'와 '창조'를 잃어버린 사람들을 위해 '힘에의 의지', '생동감 넘치는 긍정의 철학',

'위버맨쉬: 초인사상' 등을 처방으로 제시하였다.

(1) 힘에의 의지

힘에의 의지는 니체의 사상에서 가장 핵심이 되는 개념이다. 힘에의 의지란 "주인이 되고자 하고, 그 이상이 되고자 하며, 더욱 강해지고자 하는 힘과 의지 작용(Herr-werden-, Mehr-werden-, Stärker-werden-wollen)"으로 정의할 수 있다. 그리고 힘과 의지들 사이의 끝없는 경쟁과 투쟁은 피해야 될 대상이 아니라, 우리의 삶 그 자체로서 받아들여야 한다고 보았다. 그래서 니체는 자기 스스로를 더욱더 강한 존재로 만들기 위해 끊임없이 노력해야 하며, 그러한 힘과 생동감으로 넘치는 삶 자체가 고귀한 삶이라고 주장하였다.

(2) 춤추고 웃는 법을 배워라

니체는 세상을 무겁게 바라보고 너무 진중하여 자꾸 밑으로 가라앉는 사람을 '중력重力의 영靈'이라고 불렀다. '중력의 영'은 다양한 규율과 도덕으로 우리 삶을 무겁게 하고 옭아매어 맑고 경쾌하지 못한 사람을 비유한 것이다. 이러한 '중력의 영'은 사람들을 날지 못하게 하고 침체되고 어두운 삶으로 빠져들게 한다고 보았다. 니체의 철학은 삶에 대한 사랑과 자신을 긍정하라는 것이며, 낡은 관습과 선입관, 낡은 도덕의 틀을 깨고 새로운 가치를 창출하라는 것이었다. 바로 이러한 니체의 철학은 두 가지 원칙이 있는데, '자신의 삶을 사랑하는 것'과 '심각해지지 않기'이다. 그리고 이것의 시작은 '춤'과 '웃음'에서 비롯된다고 말한다. 그는 인간이 처음부터 날 수는 없지만, 침체되거나 우울해지지 않고 즐겁게 사는 것이야말로, '중력의 영'을 죽이고, 생을 철저히 긍정하고 활력 넘치게 살아가는 방법이라고 하였다.

(3) 위버맨쉬: 초인의 탄생

니체는 "신이 죽었다."고 선언하였다. 그리고 신의 죽음으로부터 새로운 존재의 탄생을 기대했는데, 그 존재가 '위버맨쉬초인'이다. 위버맨쉬는 '인간을 넘어섬'이라는 뜻을 가진 독일어다. 자본주의의 안락함과 생존과 쾌락의 낮은 차원의 욕구를 추구하지 않고, 끝없이 자신을 상승시키기 위해 투쟁하고 노력하라는 것이다. 하지만 이 '위버맨쉬'가 초인이라고 해서, 흔히 오해하듯이, 반드시 인간을 넘어서는 '초월적 존재'를 의미하는 것은 아니다. 생존과 쾌락에만 연연해하는 병약한 근대인이 되지 말고, 힘과 의지, 생동감이 넘치는 존재, 생명력이 고양된 존재, 즉 '고귀한 인간', '기품 있는 인간'이 되라는 의미이다.[12]

니체는 "안락한 삶을 추구하는 인간을 경멸하라. 위험하게 사는 것만큼 아름다운 것은 없다. 감정을 다스리는 것을 넘어 몸을 다스려라"라고 말한다. 운명을 수긍하고 사랑하면서아모르 파티, amor fati, "낙타에서 사자로, 사자에서 아이로 생동감 넘치는 삶을 살면서 너만의 꽃을 피우라"고 외친다.[13]

힘과 생명력 넘치는 새로운 정책학

니체가 당시 허무주의를 타파하기 위해 인간에 대해서 고찰해보았던 것처럼, 현 시대의 부정적인 시각들을 타파하고 긍정적인 생각을 함양하기 위해서는, 니체의 철학을 다시금 새길 필요가 있다. 지금의 우리 사회는 '책임'이 사라지고 있고 '긍정이 상실'된 사회이다. 사회 갈등을 유발하는 '혐오주의'가 만연해 있으며, 사회 전체적으로 국민들의 인식은 부정적인 '냉소주의'로 변해가고 있다.

니체의 사상을 살펴보면, 니체가 말하고자 하였던 '힘과 생동감'은 정책학에서의 실천적 이성과 많이 닮아있다. 실천적 이성이란 '민주사회 시민이라면 누구나 가지고 있는 공동체의 공공선公共善과 보다 창조적인 미래를 추구하는 인간 내면의 의지意志'를 뜻하는 것이다. 또한 정책 연구에 있어서 필요한 정신은 합의에 이를 때나 또는 합의에 이르지 못할 때나, 인간 내면에 존재하는 실천적 이성에 기초한 숙의 민주주의가 필요하다는 것이다. 이는 현상유지 및 안일과 쾌락에만 의존하는 삶을 타파하고, 보다 생동감 있게 활력이 넘치는 삶을 개척하라는 니체의 사상과 일맥상통한 것이다.

따라서 우리는 이러한 관점에서 니체 철학에 대한 새로운 고찰을 통해, 정책학이 말하는 '인간의 존엄성'과 '실천적 이성'에 대한 보다 현실 적합한 해석을 내릴 필요가 있으며, 인간의 존엄성을 중요시하고 인간 자체를 목적으로 하는, 정책학의 태생적 의미를 새롭게 재조명할 필요가 있다고 하겠다.

쉬/어/가/기

프리드리히 니체의 생애사

프리드리히 니체Friedrich Wilhelm Nietzsche 는 1844년에 목사의 아들로 태어났다. 당시는 콜레라와 전염병이 창궐하여 많은 사람의 생명을 앗아간 시기였다. 니체의 부친 또한 결핵으로 사망하였는데, 니체는 부친의 부재로 인해 매우 힘든 시기를 보낸다. 그는 24세의 나이에 스위스의 명문대학인 바젤대  학에서 문헌학 교수가 되고, 34세에 스스로 교수직을 그만두고 유랑 생활을 하면서 독창적인 철학을 개척한다. 니체는 건강하지 않았기에, 44세에 알프스 산에서 요양을 하였지만, 철저한 고독 속에도 오직 저작에만 전념하였다. 초인超人의 철학을 완성한 그의 대표작 ≪차라투스트라는 이렇게 말했다≫는 이때 집필된 것이다.

56세를 일기로 생을 마감한 니체의 저술은, 시기적으로 세 단계로 구분할 수 있다. ≪비극의 탄생≫을 비롯한 초기 저술들은 낭만주의적 경향이 강하다. ≪인간적인, 너무나 인간적인≫ 등의 중기 서술들은 초기 낭만주의 경향에서 벗어난 관점을 보여주고 있다. 후기 저술들은 그의 완숙한 사상이 드러난 시기인데, "신은 죽었다."고 선언함으로써, 중세유럽과 근대 문명의 '도피逃避사상'적 안일安逸함과 나태懶怠함을 극복하려는 힘과 의지, 그리고 생명력의 철학을 완성시킨 시기이다.

이처럼 니체는 평탄치 않은 삶을 살았으며, 고독함을 안고 정신적으로 힘겨운 인생을 살았다. 하지만 니체는 인간의 삶에 대한 순수하고 정열적인 사랑을 통해, 삶을 예찬하고 긍정하는 새로운 철학적 패러다임을 탄생시켰다. 니체를 이해하지 않고서는 20세기의 철학, 신학, 예술, 심리학 등을 이해할 수 없다고 할 만큼 그의 위대한 사상은 시대를 거치면서 수많은 사람에게 사상적 영향을 끼쳤고, 오늘날에는 실존주의의 선구자로 자리매김하고 있다.

염세주의의 극복, 쇼펜하우어

의지와 표상으로서의 세계, 세상은 실재할까?

쇼펜하우어가 살았던 19세기는 제국주의가 만연하여 식민지 건설을 통한 수탈과 시장 확보, 그리고 이로 인한 전쟁이 끊임없이 이루어지고 있었다. 특히 영국과 프랑스는 제국주의의 한가운데 있었으며, 크고 작은 전쟁을 통해 식민지에 대한 폭력을 행사하였다.

영국과 프랑스의 제국주의는 생산을 통한 부의 축적이 아닌, 불평등한 시장구조와 노예를 통한 부의 축적이었는데, 당시 '계몽주의' 사상은 이러한 수탈과 폭력에 정당성을 부여하였다. 소위 '계몽주의'는 자신들의 문화를 '문명'이라고 규정하고, 식민지 국가 즉 아시아와 아메리카 국가들을 '야만'으로 규정지었으며, 이들을 계몽시킨다는 명분 하에 자신들과 차별해왔다. 이러한 식민지 건설은 중국의 나침반, 종이기술과 중동의 천문학, 수학에 대한 기술을 흡수하면서 유럽의 '오리엔탈리즘'을 가속시키는 데 원동력이 되기도 하였다.

이것이 쇼펜하우어가 살았던 시대 상황이었다. 즉 쇼펜하우어는 19세기 제국주의 한 가운데의 시대에서 식민지주의를 반대하고, 프랑스 혁명과 나폴레옹 전쟁 이후 기근과 실업 등의 유럽에 미치는 악영향에 대해서 고찰하게 되었는데, 이를 특히 동양철학인 힌두교, 불교, 유교 등을 통해서 다양한 해결점을 찾고자 하였다.

정신에 투영된 물질은 표상에 불과

쇼펜하우어는 그의 저서 ≪의지와 표상으로서의 세계≫에서, "세계는 나의 표상이다."라고 주장하였다. 그는 이 세계를 이루고 있는 것은 주관에 의해 발현된 것이며, 우리가 알고 있는 모든 것은 "자신의 의식 속에 던져진 것"이라고 주장하였다. 이는 데카르트의 '정신'과 '물질'의 구분에 대한 저항이었으며, 당시 주류를 이루고 있던 철학과는 다른 독창적인 관점이었다.

한편, 쇼펜하우어는 인간의 삶을 인격, 재산, 명예 3가지로 나누었는데, 이는 인간을 '이루고 있는 것'과 '지니고 있는 것' 그리고 '남에게 보이는 것'으로 나눈 것이다. 이 중 2가지를 전제로 하여 인간에게는 두 가지 행복이 존재한다고 주장하였다.

첫째, 보통의 평범한 사람들은 재산과 명예 등 자신이 소유하고 있는 물건들과 자신이 보여지는 것들을 통해서 행복을 얻는다. 이러한 행복은 외부에 있는 것들에 의존하게 되고 내부에 있는 보이지 않는 것, 즉 정신적인 행복을 잃어버리는 상태에 도달한다. 또한, 외적인 행복은 완전히 충족시킬 수가 없기 때문에 끊임없는 욕구 충족을 바라게 된다. 따라서 쇼펜하우어는 이러한 외적인 것들로부터 발생되는 행복보다 인간 내면의 인격으로부터 발생하는 내적 행복이 더 오래 가는 것, 즉 진정한 행복이라고 보았다.

둘째, 비범한 사람들은 인간을 이루고 있는 것, 즉 내면적 인격을 통해서 행복을 얻는다. 여기에는 미적 관조와 지적 관조가 있다. 미적 관조란 사물과 현상을 바라보면서 사물과 현상 뒤편에 자리 잡고 있는 영원하고 보편적인 아름다움을 뜻한다. 지적 관조란 사물의 본성을 이해하고 앞으로 일어날 일의 본질에 대해서 깨달으며 세상과 연기의 필연성을 인식하는 것을 말한다.

더 나아가서 쇼펜하우어는 '도덕'을 이야기하였다. 도덕은 타인의 고통을 공감하고 연민함으로써 보편적인 자비 정신을 함양시켜 나갈 때 불교에서 말하는 '해탈'의 경지에 이를 수 있다고 주장하였다.

요약하면, 쇼펜하우어는 염세적인 세계관을 지녔기 때문에 인간을 고통 속에 사는 존재라고 보았다. 하지만 단순히 여기에 그치지 않고, 인간 내면의 이성들로 고통을 해결할 수 있다고 주장하였다. 이에 대한 방법으로 '미적 관조'와 '지적 관조', 그리고 '도덕'을 들었으며, 이를 통해 인간의 근본적 욕구에 대한 규율이 이루어질 수 있으며, 따라서 인간은 외적인 행복을 넘어 내적인 행복을 추구할 수 있다고 주장했다.

진정한 행복에 기초한 긍정정책학

라스웰이 정책학을 통해서 주장했던 '인간 존엄성의 실현'이라는 목적과 '다양한 사회문제의 해결'이라는 관점에서 볼 때, 쇼펜하우어의 사상은 우리 사회에 대한 냉철한 문제의식을 던져주고 있다.

우리나라는 해방 이후 급속한 경제발전을 통해 외적 성장을 이루었다. 발전행정과 기술발전에 대한 맹신을 토대로 경제적 발전만을 추구해 온 우리나라는 원조 수혜국에서 원조 지원국으로 바뀐 세계 유일의 기적을 이루었다. 하지만 그 과정 속에서 극단적 이기주의와 무한경쟁의식 그리고 IMF 이후 심화된 빈부격차 등으로 양극화는 심화되고 있는 형국이다. 특히 "88만 원 세대"라고 불리는 청년들은 극심한 취업난을 겪고 있으며, OECD 최저 수준의 출산율과 급속한 고령화로 인해, 젊은이들은 스스로 '헬 조선'이라 부르며, 세계에서 가장 살기 어려운 나라로 치부하고 있다.

이러한 시대 상황을 비추어 볼 때, '염세주의 세계관'을 지니면서도 이를 극복하는 철학을 제시해 준, 쇼펜하우어의 '행복론'은 우리에게 큰 의미와 반향을 던져주고 있다.

특히 그가 인간이 진정으로 행복해지기 위해서는 '물질적 외적 행복'이 아닌 '정신적 내적 행복'을 추구하고, 인간은 겉으로 드러나는 '소유'와 '명예'보다 삶의 내면적 주체인 '인격'을 중시해야 한다고 강조한 점을 유념해야 할 것이다.

지난 70여 년간 물질적 소유와 세상의 명예만을 추구하면서, 진정한 내적 행복을 가지지 못한 우리 사회의 모습들은, 여러 모습의 '병리'로 우리에게 나타나고 있다. 다양한 형태의 건물 붕괴, 대형 화재, 인적 재난, 가정의 붕괴 등이다.

이런 시점에 정책학은 어떤 시각을 가지고 사회문제를 바라보며, 긍정적, 창조적 대안을 제시할 것인가? 국민소득 3만 불을 바라보면서도 여전히 행복하지 못하고, 안보, 안전 등 불안한 미래를 안고 사는 우리 사회에, 정책학은 어떠한 문제의식을 제공할 것인가?

끊임없이 '일'과 '성과', '외적인 팽창'만을 추구하기보다는, '가정'과 '행복', '일과 휴식' 등 우리 사회의 내면적 삶의 질을 배려하는 정책 패러다임은 가능할 것인가? 갈등과 투쟁, 불만과 냉소를 넘어서, 사회적 자본과 긍정심리자본을 구축하고, 맹목적인 성과 지향과 외적인 행복을 넘어서, 개인의 내면적 삶과 진정한 행복을 추구하는 사회를 이루기 위해서는 어떤 정책학이 필요할 것인가?

쇼펜하우어의 생애사

쇼펜하우어Schopenhauer, Arthur는 1788년 독일에서 태어났다. 그는 부유한 상인의 집 안에서 태어났으며, 1793년에 단치히가 프로이센의 지배를 받자 함부르크로 이동하여 살게 된다. 그는 사립학교에서 상인교육을 받지만 진로결정에 있어서 아버지와의 충돌이 있었고, 그 이유로 2년간 유럽 전역을 돌아다니며 여행을 하였다. 하지만 1805년에 함부르크로 다시 돌아와 김나지움에 입학하게 되는데, 그는 이 학교에서 본격적인 학문의 세계에 입문하게 된다. 1810년 괴팅겐대학교에서 의학을 한 학기 공부하고, 다시금 철학으로 공부의 방향을 바꾸어 플라톤과 칸트의 철학을 공부하였다. 그는 1811년 당시 거장이었던 피히테와 슐라이어마허의 강의를 듣고, 1820년대에 동양학자 프리드리히 마이어를 통해서 인도와 불교철학을 접하게 된다. 예나대학에서 철학 박사학위를 취득하였으며, 1818년에 ≪의지와 표상으로서의 세계≫를 출판하였다.

아버지의 죽음, 어머니와의 갈등 등으로 인해 개인적으로 행복하지 못했던 쇼펜하우어는 이탈리아와 스위스, 드레스덴 등을 전전하다가, 1833년 프랑크푸르트에 정착하게 된다. 쇼펜하우어는 개인적인 불행에도 불구하고 집필활동을 꾸준하게 펼쳤으며, 그 해 ≪자연에서의 의지에 관하여≫를 출간하게 된다. 1851년에는 ≪의지와 표상으로서의 세계≫의 부록인, ≪여록과 보유≫를 출간했는데, 이 책은 베스트셀러로 등극되면서, 그는 당시 유럽의 유명인사 반열에 올랐다. 쇼펜하우어는 니체 등 수많은 사상가와 철학자들에게 영향을 끼쳤다.

뜨겁게 타올랐던 불꽃, 괴테

고통 속에서 흔들리는 불꽃

1749년 독일에서 태어난 괴테Johann Wolfgang von Goethe는 어려서부터 아버지에게 엄격한 교육을 받으며 자랐다. 그러던 중 '7년 전쟁슐레지엔 영유를 둘러싸고 유럽대국들이 둘로 갈라져 싸운 전쟁. 1756~1763'이 일어나서 괴테의 마을인 프랑크푸르트암마인이 프랑스군에게 점령되었다. 그 당시 괴테는 자유로운 프랑스 문화를 접하게 되었다. 엄격한 교육만 받고 자라던 괴테는 처음 자유로운 프랑스 문화에 충격을 받게 되었다. 그때부터 문학에 대한 갈증을 가지고 살았다.

문학에 대한 갈증도 잠시, 괴테는 아버지의 권유에 따라 라이프치히대학교University of Leipzig에서 법학을 공부하였다. 그러던 중 사랑하는 여인 샤를로테 부프를 만났지만, 그녀는 이미 약혼자가 있었고 그의 사랑은 이루어질 수 없었다. 괴테는 이러한 고통을 작품으로 승화시켜 ≪젊은 베르테르의 슬픔≫이라는 소설로 출간하였다. 이 작품은 당시 세계적으로 폭발적인 인기를 얻었으며, 무명작가였던 괴테를 단숨에 세계적인 작가로 만들어 주었다.

하지만 이러한 기쁨도 잠시, 이 소설을 읽은 사람들은 극중의 베르테르처럼 옷을 입고 다녔고, 심지어 그를 모방한 자살 시도까지 했다. 이를 '베르테르 효과Werther effect'라고 부른다.

괴테는 이러한 '베르테르 효과'를 보고 충격에 빠졌다. 동시에 문학이 지니는 위력과 함께 작가로서의 책임감도 무겁게 느꼈다. 불꽃과도 같은 괴테의 재능은 고통 속에서 흔들리고 있었다. 그는 사람들에게 흔들리지 않는 가치를 선사하고 싶었고, 그에 따라 '인생에서 무엇을 하는 것이 삶을 진정으로 발전시키는 것인가?'하는 근본적 문제를 고민하기 시작했다.

존재론적 향상심을 통해 다시 타오르는 불꽃

괴테는 많은 고찰을 통해 향상론向上論을 제시했다. 향상심이란 확고한 비전과 미래를 향하는 뜨거운 의욕을 가지고 자신감 있는 태도로 충만한 마음이다. 그는 '존재론적 향상심'이 지금보다 나은 내일을 만든다는 것을 깨달았다. 이를 깨달은 괴테는 자신의 깨달음을 그의 문학작품에 고스란히 담아 사람들에게도 깨달음을 전했다.

괴테는 깨달은 '향상심向上心'을 바탕으로 문학은 물론 정치와 자연과학에도 긍정적인 힘을 전달했다. 1775년부터 10년 남짓 바이마르의 여러 공직을 맡으며 국정에 참여했다. 이를 통해 정치적으로 향상심을 전달했다. 그리고 지질학, 광물학 등 자연과학 연구에도 몰두했다. 꾸준한 연구로 당시 인간에게는 없다고 알려졌던 간악골을 발견하여 비교해부학의 선구자가 되었다. 이를 통해 과학적으로도 향상심을 전달했다. 이외에도 괴테는 다양한 분야에서 향상심을 바탕으로 많은 업적을 남겼다. 이러한 업적들은 괴테 스스로 향상심이 다양한 분야에서 사용될 수 있다는 것을 증명한 셈이다.

괴테가 깨달은 향상심은 당연해 보이지만 사실은 위대한 것이었다. 괴테가 겪었던 실연의 아픔이나 압박감, 고통 등에서 오는 에너지를 긍정의 에너지로 승화시켜 문학이나 정치, 과학 분야에 기여한 것이다.

괴테만큼이나 뛰어난 재능을 가졌던 인물 중에는 괴벨스Paul Joseph Goebbels가 있다. 괴벨스는 뛰어난 언어 재능을 독일 나치스 정권의 선전장관으로 많은 유대인을 학살하는 데 사용했다. 괴벨스처럼 뛰어난 재능을 가진 천재일수록 안 좋은 유혹에 빠질 가능성이 높다. 하지만 괴테는 향상심을 깨달았고, 그로 인해 사람들에게 긍정적인 힘을 전달했다. 이를 하버드 교육대학원의 조세핀 김 교수는, 하워드 가드너 교수의 다중지능이론의 연장선상에서 제9의 지능, 실존지능이라고 표현했다.[14]

괴테는 '내 인생에서 보다 나은 삶을 살기 위해 무엇을 해야 하는가?'라는 물음에 다음과 같이 답한다.

"지금 무엇을 하는 어떤 사람이건, 삶을 발전시키는 최고의 자산은, 지금보다 더 나은 내일을 만들려는 '향상심'이라는 점을 명심해야 한다."15)

괴테Johann Wolfgang von Goethe

존재론적 향상심을 품고 불타오를 새로운 정책학

괴테는 다방면에서 뛰어난 재능을 가진 학자였다. 그는 타고난 재능뿐만 아니라 다양한 분야에서 향상심을 바탕으로 꾸준하게 공부했다. 그로 인해 세계적인 시인이면서 극작가, 문학가, 정치가이면서, 동시에 과학자, 자연 연구가가 되었다. 괴테는 식지 않는 열정과 성의로 몸소 향상심을 보여주었고, 그것이 현재까지도 괴테가 칭송받는 이유이다.

존재론적 향상심은 모든 분야에서 중요한 가치이지만, 특히 정책학에서도 중요한 가치이다. 정책학이 인간의 존엄성을 향상시키는 학문이라고 할 때, 인간이 지니는 '향상심'이라고 하는 본질적 덕목은 인간의 존엄성을 깊이 있게 이해하게 해 준다.

최근에는 전 세계적으로 경제가 어렵고, 양극화가 심해지고 있다. 이러한 상황에서 괴테의 향상심은 더욱 중요해지고 있는데 가령, 개인적으로 일자리를 찾지 못하고 실의에 빠진 젊은이들에게 던지는 긍정의 메시지로도 읽을 수 있다.

하지만, 좀 더 본질적인 입장에서 정책의 장기적 효과를 생각해 보게 하는 대목이기도 하다. 정책이란 사회문제를 한 번에 해결할 만병통치약이 아니다. 단기적 효과와 함께 장기적 효과도 고려해야 하는 것이다. 가령, '일자리 창출을 위해 현재의 청년들에 대한 고용을 세

제, 예산 등 재정수단을 동원하여 인위적으로 무리하게 늘렸을 때, 그 다음 세대의 청년들에 대한 연쇄효과는 어떻게 될 것인가?' 등에 대한 고려가 있어야 한다. 그러므로 정책 연구란, 장기적으로 향상심을 바탕으로 한 시각과 연구가 필요한 것이다.

또한 향상심은 긍정심리자본과 함께, 정부 조직의 동기부여에도 많은 함의를 제공해 준다. 정부 조직의 활동은 민간 기업에 비해 쉽게 성과가 나오지 않는 영역이 많다. 혹은 비가시적인 성과도 많이 있다. 그러한 일을 하는 정부 구성원들에게 '향상심'을 토대로 동기를 부여할 필요가 있으며, '향상심'에 토대를 둔 업무태도나 장기성과에 대해서도 성과관리에 반영할 필요가 있다고 하겠다. 이처럼 향상심을 바탕으로 한 연구를 기반으로 인사나 조직관리가 이루어진다면, 정부 조직의 동기부여와 효율성 향상에도 큰 도움이 될 것이다.

쉬/어/가/기

요한 볼프강 폰 괴테의 생애사

요한 볼프강 폰 괴테Johann Wolfgang von Goethe는 독일 고전주의의 대표자로 문학가이며, 자연 연구가이고, 바이마르의 재상으로도 활약했다. 여전히 위대한 문학가로 손꼽힌다. 대표적인 작품으로는 ≪젊은 베르테르의 슬픔≫과 ≪파우스트≫를 뽑을 수 있다.

괴테는 1749년 독일 프랑크푸르트암마인에서 태어났다. 당시에는 '7년 전쟁'이 일어났고, 처음 자유분방한 프랑스 문화를 접하게 되었다. 그 이후 아버지의 바람에 따라 라이프치히대학에 들어가 법률을 전공했다. 하지만 예술에 대한 끈을 놓지 않았다. 이외에도 10년 정도 바이마르의 여러 공직을 맡으며 일했다.

　괴테는 다방면에서 뛰어난 재능을 보여줬다. 그 중에서도 언어적 재능이 뛰어났다. 그는 뛰어난 언어적 재능을 바탕으로, 자신의 사랑과 아픔, 깨달음까지 숨기지 않고 문학작품으로 승화시켰다. 그가 남긴 작품들로 인해 괴테는 현재도 많은 사람들의 정신적 스승으로 자리 잡고 있다.

'존재' 본연의 가치에 대한 철학, 하이데거 이야기

인간이 존재로서 지닌 의미와 가치는 무엇인가?

　하이데거Martin Heidegger는 플라톤, 아리스토텔레스, 후설Edmund Husserl, 1859~1938 등 당대의 형이상학 철학자들이 보여주었던 '존재자' 중심의 연구를 비판하고, '존재' 자체에 초점을 맞춤으로써 존재론을 한 단계 발전시킨 학자이다.

　그는 후설의 현상학으로부터 많은 영향을 받았지만, 그들의 연구가 '존재'의 의미에 대한 근원적 답을 얻을 수 없다고 보았다. 물론 후설과 하이데거의 철학적 과제가 달랐다. 후설은 '현상 그 자체로 돌아가라'라고 하는 명제 속에서 어떻게 순수하고 절대적인 철학을 구축할 것인가에 관심을 두었다면, 하이데거는 당시 팽배해있는 과학만능주의와 '보편적 법칙에의 정립'에 대하여 객관화된 작용과 조작 주의적·실용적 사고를 통해서는 '인간'의 '존재' 그 자체를 설명할 수 없다고 보았다.

　이에 그는 인간이 존재로서 지닌 의미와 가치가 무엇인지에 대한 철학적 사색을 시작함으로써 편협하게 왜곡된 시각을 바로잡으려 하였다. 그 결과, 현대사회를 둘러싼 조작 주의적이고 객관화된 비본래적 가치를 지양하고, '세계-내-존재'로서 존재를 둘러싼 조건들을 수용함으로써 구체적 조건들과의 관계를 통해 현존재에 대한 적극적 해석과 의미를 부여해야 한다고 주장했다. 그의 표현에 따르자면, "본래적인 자기로의 이행"이 필요하며, 다른 무엇(타자 혹은 대중)에 의탁하지 않고, 온전히 스스로의 선택에 의하는 본래적 존재로서 거듭나야 한다는 것이다. 그의 대표적 저서인 ≪존재와 시간≫은 과학의 보편적·지배적 논리로부터 인간을 해방시킴으로써 인간 본연의 삶을 추구하고자 하려는 하이데거의 노력의 결실이라고 할 수 있다.

본래적인 자기로의 실존의 발견

하이데거Martin Heidegger의 역작인 ≪존재와 시간Sein und Zeit(1927)≫은 실존적 인간으로서의 고민과 철학을 담고 있다. 그에 따르면 인간이 자신의 존재를 올바르게 인식하기 위한 전제조건으로 존재sein와 존재자존재하는 것, seiendes를 구별하는 것이 필요하다고 말한다. 여기서 존재sein란 본질적으로 어떤 것의 존재, '있음'을 의미하며, 존재자seiendes란 망치, 연필 등과 같이 존재하는 '그 무엇', '있는 것'이다.

그렇다면 구별의 실익은 무엇일까? 그는 이러한 구별을 통해 실체의 본질에 가까워 질 수 있다고 주장했다. 실체의 본질은 단순히 개념과 대상으로의 일치가 아니라, 존재로부터의 의미를 부여함으로써 그 실체에 가까워질 수 있는 것이다. 특히, 이러한 의미부여는 존재자를 둘러싼 세계와의 맥락 속에서 이해되어야 한다고 설명한다. 즉, 존재는 시간장소의 맥락 하에서 실현되며 특정한 형태를 갖는 존재자가 된다는 것이다.

이러한 존재에 대하여 하이데거는 '있다, 존재하다'를 의미하는 'sein'에 '그때', '그 당시'를 의미하는 'da'를 붙여 'dasein', 현존재라고 불렀다. 따라서 하이데거의 관점에 따르면 현존재는 세계와 분리하여 그 실존을 찾을 수 없고, 반드시 세계 내에 존재하는 '세계 – 내

- 존재'로서 관계를 통해 실현된다고 주장한다.

> "현존재는 개별화되지만 어디까지나 세계 – 내 – 존재로서 그
> 렇다."
> 하이데거, ≪존재와 시간≫

세계는 우리와 대립해 있는 객관이 아니다. 세계는 인간이 인식하고 있는 것으로서 존재한다. 아무리 거리상으로 가까이 있어도 지나쳐 보게 되는 것들은 우리에게 존재하지 않는다. 그것들은 그저 '의식에 던져진 것들'이다. 존재는 '관심'인 것이다.

하이데거는 인간이 그 존재로서 지닌 의미와 가치에 대해 평생 숙고하면서, 인간은 시간의 한계성 속에서 불안을 느끼지만, 자신의 존재를 올바로 인식함으로써 보편적인 목적이 아닌 자신만의 인생 목적을 설정해야 한다고 보았다. 한편, 자신을 둘러싼 존재자들을 확인하는 가운데 자신을 둘러싼 존재자들과의 관계를 통해서 자신만의 세계를 만들어가야 한다고 주장했다.

종합하면, 하이데거가 제시하고 있는 주체에 대한 관심은 온전히 나로 시작해서 나로 마무리된다. 비록 그들과 함께 있으며, 그들과 분리될 수 없고, 세계 – 내 – 존재로서 그들을 배제하고는 본질적 존재로 거듭날 수는 없다. 따라서 그의 표현에 따르자면, '그들 – 자기'에서 '본래적인 자기로의 이행'이 필요하며, 자기 자신에 대한 올바른 인식, 그리고 자기를 둘러싼 존재들을 수용하고, 그들의 본래적 관계를 통해 자신의 세계를 구축할 것을 주문하고 있는 것이다.

'그들 – 자기'에서 '본래적인 자기'로의 이행

하이데거는 인간이 자신의 존재를 올바르게 인식함으로써 각자가 자신의 세계를 만들어가야 한다고 했다. 인간의 시간은 유한하기 때문에 대중 속에서 자기를 잃어버리지 말고 진정한 자신의 삶을 찾아 만들어 가야 한다는 것이다.

하이데거는 인간이 '그들 – 자기Man – selbst'가 아닌 '고유한' 자기 자신을 발견해야 한다고 주장했다muss sich finden. 그의 관점에 의하면, 인간은 '그들'에게서 벗어나는 것을 두려워하기 때문에, '그들das Man, 타인 혹은 대중'이 규정해놓은 방식에 몰입함으로써 잡담, 낙서, 호기심 등 비본래적 방식을 통해 자신의 고유의 현존재를 부정할 가능성이 높다는 것이다. 이는 현존재를 부정함으로써 실존과 실존의 근본문제를 파악하는 것을 거부하고, 결과적으로 자기소외를 야기하게 된다.

그렇다면 현존재에 대한 본질적 탐구가 현대사회에 시사하는 바는 무엇인가? 현대사회는 수치화된 과학만이 절대 진리이며, 가시적 존재에 대한 인식, 규칙, 시스템만이 현대사회를 올바르게 운용할 수 있는 기반이라고 믿는 경향이 있다. 특히 정책설계에 있어서도 빅데이터, AI, 통계학 등 더 높은 기술성을 토대로 한 계량적 측면의 증가가 두드러지고 있다.

하이데거의 관점에서 보면, 이러한 현대사회의 과학에 대한 맹신, 기술 합리성에만 천착한 정책설계는 비본래적 실존에 해당하는 것으로 필연적으로 현대사회의 인간소외를 초래할 수밖에 없다. 실존하는 나는 천天, 지地, 인人이라는 세계 – 내 – 존재로서, 세계는 몇 개의 가시적 계량적 상황, 숫자로 표현될 만큼 그리 간단하지 않다. 이를 간과하고 수치, 기술 합리성만을 추구하는 현상에의 접근은 현존재에 대한 왜곡, 실존의 근본문제에 대한 도피와 인간 소외로 이어질 수 있으며, 결과적으로 인간 본연의 행복 추구라는 정책학 본연의 목적을 실현할 수 없는 것이다.

따라서 반드시 정책의 타당성 분석에는 규범적 정책분석이 반드시 선행되어야 한다. 논리적, 규범적, 철학적 뿌리에 바탕을 두고, 주체에 대한 관심을 통하여 현 시대가 요청하는 근본적 정책문제를 도출하고, 보다 나은 방향으로 인류사회를 실현해 나갈 수 있도록 정책을 설계해야 한다. 세계에 존재하는 조건을 수용하고, 이를 토대로 개별지역, 사회, 국가 등 맥락적 상황에 맞게 그 세계 속에서 변화를 도모하는 것이 중요하다. '그들−자기' 자체의 변화를 예측하고 기획하는 것, 그것이 정책학의 본질이며 역할이라 할 수 있다.

쉬/어/가/기

마르틴 하이데거의 생애사

마르틴 하이데거Martin Heidegger는 1889년 9월 26일 독일 바덴주의 작은 마을 메스키르히에서 태어났다. 하이데거는 어릴 적부터 총명함이 자자하였지만, 메스키르히에 있는 성 마르틴 성당의 성당지기였던 그의 아버지 프리드리히 하이데거는 경제적으로 학업을 지원하기가 어려웠다. 하이데거의 총명함을 눈여겨본 메스키르히 본당 주임신부는 하이데거가 졸업한 뒤에 신부가 되어야하는 조건으로 그의 교육비를 지원하였다.

초등학교 졸업 이후 1903년에서 1909년까지 김나지움에서 6년간의 과정을 거친 후 그는 신부가 되려 하였지만, 졸업 이후 건강상의 이유로 예수회의 수련생활을 마치지 못했다. 이후 프라이부르크대학에서 2년간 신학공부를 하였지만, 이 역시도 심장병으로 인하여 1911년 2월 학업을 중단할 수밖에 없었다.

이후 그는 신학자가 되기를 포기하고, 평생 철학 연구에 매진하였다. 철학자로서 그의 주요 행적으로는 1923년 마르부르크대학교 교수를 역임하였으며, 1928년 후설 교수와의 인연으로 프라이부르크 대학 교수를 역임하고, 1933년~1934년까지 동 대학 총장까지 역임하는 등 철학 연구에 한 획을 긋는 학자로 자리매김한다.

하이데거는 해발 1,200미터 고지의 아름다운 풍광風光, 토트나우베르크 통나무집에서 그의 철학과 사상을 가다듬었다. 대자연의 만년설로 뒤덮인 원시적 자연의 압도적 위대함 속에서 유효시간의 한계를 지닌 인간의 실존에 대해서 고찰한 것이다. 즉, 그는 시간에 한정 지워진·인간 실존(존재)의 아픔과 해결책에 대해서 명확하게 개념화했다.

그는 서구의 전통적 형이상학을 비판하고, '존재' 자체를 추구하는 그만의 독창적인 형이상학 패러다임을 구축함으로써 실존철학, 현상학, 해석학, 포스트모더니즘 등 광범위한 분야에 족적을 남겼다는 평가를 받고 있다. 특히, 인간의 주관성을 실존이라는 이름으로 철학적 명제에 도입함으로써 인간을 소모품으로 전락시키는 현대산업사회를 비판하고, 인간의 존엄성 회복을 위한 본질적인 실존 탐구에 매진하였다. 대표 저서로는 ≪존재와 시간≫ ≪형이상학이란 무엇인가≫ ≪숲속의 길≫ 등이 있다.

세상을 향한 사랑! 인간을 인간답게 만드는 힘, 한나 아렌트 이야기

인간이란 어떤 존재이며 정치의 본질은 무엇인가

"인간이란 어떤 존재이며 정치의 본질은 무엇인가?"

한나 아렌트Hannah Arendt는 위의 물음에 답하기 위해 필생의 학문적 역량을 집중시킨 20세기 손꼽히는 정치이론 및 정치철학자이다.

그녀는 대학시절부터 세계적 철학자 하이데거와 야스퍼스의 제자로서 문제를 공유하고 토론하며 지적 영감을 불러일으켰다. 또한 여성이며 유태인 지식인이었다는 점에서, '제2의 로자 룩셈부르크'라고 불리기도 하며, 혁명가로서 룩셈부르크와 달리 철학자로서 현대 민주주의에 대해 탐구하였다는 점에서 존 롤스, 위르겐 하버마스와 비견되기도 한다.

한나 아렌트의 정치철학과 정치이론에 대한 이해는, 그녀가 살아온 시대적 배경과 삶으로부터 시작된다. 19세기 문명의 절정에 서있던 유럽은 20세기 순식간에 잿더미로 변하고 끝없는 소용돌이와 같은 혼돈의 시대를 경험하게 된다. 이러한 문명사적 갈등 한 가운데에서 태어난 그녀는 일생동안 20세기의 세계사적 사건제1, 2차 세계대전과 히틀러의 나치, 1960년대 흑인인권운동과 학생운동 및 베트남 전쟁 등을 직접 경험하며, 자신의 사상적 철학과 이론을 정립하였다. 특히 나치의 반유대인 정책으로 죽음의 문턱까지 간 후, 프랑스 파리로 도피하고 이후 다시 미국으로 망명하여 18년 동안을 무국적자로 살았다.

그러나 역설적으로 한나 아렌트에게 주어진 수많은 핍박과 고난은 그녀가 당대 최고의 학자 가운데 이름을 올릴 수 있는 배경이 되었다. 그녀는 1951년 파시즘과 나치즘 같은 전체주의가 어떤 경로로 태동했는지를 분석한 ≪전체주의의 기원The Origins of Totalitarianism≫을 내놓으며 학계에 크게 주목을 받기 시작했다. 이후 1958년 아렌트 정치사상의 핵심이 모두 담겨있다고 평가받는 ≪인간의 조건The Human Condition≫을 통해 현대의 대표적인 정치학자 중 한 사람으로 자리매김했다. 또한 1963년 ≪예루살렘의 아이히만Eichmann in Jerusalem≫에서 '악의 평범성vanality of eviel'이라 하여, 아이히만이 반인륜적 범죄자가 된 원인은 어리석음이 아니라 인간이 자신의 행동의 의미를 사유하지 않음이라는 사실을 밝힌다.

중요한 점은, 한나 아렌트는 20세기 히틀러의 독일과 스탈린의 소련과 같은 전체주의 시대를 경험하고, 약탈적 경제행위가 제도화되고, 과학기술의 발전과 무기의 대량생산체제가 만연한 현대사회에 필요한 것은 개인의 '사유' 그리고 '정치적인 것'의 복구, 즉 '공공 영역 복원'을 통한 진정한 정치의 실현이라고 답한 사실에 있다.

정치적인 것The Political의 복원과 사유의 힘

한나 아렌트는 정치적인 것의 핵심을 자유에서 찾는다. 인간의 자유는 정치적 참여를 통해 이루어지는 것이라 본 것이다. 여기서 의미하는 자유란 개인의 내면적인 자유 또는 선택의 자유와 같은 사적 자유가 아니라, 자신의 생각을 행위와 말로 표현하는 공적 자유public freedom를 의미한다(임의영, 2014).

아렌트는 인간은 자유로운 행위를 통해 고유한 인격체로서 '사적 영역'의 존재에서 나아가 서로 함께 공생하며 살아가면서 '공적 영역'의 존재가 됨을 밝힌다. 이처럼 아렌트는 자유를 존중한 동시에 공공성을 중시한 것이다.

'인간이 정치적 존재'라는 아렌트의 사상은 정치철학적 통찰이기에 앞서 인간이 고유한 인격체로서 말과 행위를 통해 타자와 관계하고 타자 곁에 있다는, 보다 근원적인 철학적·인간학적 통찰을 담고 있다(박병준, 2014). 이는 아렌트가 주장한 인간의 '복수성plurality' 즉, 인간이기 때문에 모두가 동등하면서도 마땅히 존중받아야 할 인격체로서, 개개인에게 차이가 존재한다는 사실에 있다. 이것이 바로 인간이 공공영역을 형성하는 정치적 존재일 수밖에 없는 근본적인 이유인 것이다. 반면 그녀의 주장에 의하면 고유한 인격체가 아닌 비인격적인 존재로서 존재하며, '정치의 부재'로 인해 '절대악the absolute evil'을 사실상 용인하고 '인간성의 상실'로 이어지는 세계는 전체주의 사회이다.

이에 아렌트는 정치 본래의 의미를 복원하기 위해, 먼저 고대 그리스 아테네의 폴리스에 주목한다. 폴리스에서는 명확하게 공공 영역과 사적 영역을 분리하였다. 특히 자유의 공간으로서 공공 영역은 말과 행위로 개인의 의견을 피력하고, 개성을 표출하는 바로 정치가 이루어지는 공간으로 본 것이다. 공공 영역에서 정치는 자유와 개성이 보장되는 행위 자체를 말한다. 아렌트는 이러한 공적 공간과 그 안에서 행해지는 토론을 정치의 핵심으로 판단하였다. 즉, '정치적인 것the political'은 '공적인 것the public'으로 공통의 관심사에 대해 공개적으로 의견을 교환하는 행위를 의미하는 것이다.

또 한편으로 아렌트는 전체주의의 태동 경로를 분석하여, "전체주의라는 괴물 정치체제는 독재자가 아니라 생각 없는 대중의 필요에 의해 태동하고 만들어졌다."(Arendt, 1951; 이진우, 2006 재인용)는 관점을 제시했다.

아렌트는 전체주의와 독재자의 권력욕에 의한 단순 압제를 구분했다. 전체주의는 단순한 권력 유지와 장악에서 나아가 사회로부터 소외되고 원자화된 대중을 세력화하여 완전히 지배당할 수 있는 새로운 인간 유형, 대중의 창조에 목표가 있기 때문이다(홍성기, 2006). 특히, 홀로코스트를 주도한 독일 나치 친위대 중령인 아돌프 아이히만의 재판 과정을 취재하며 '악의 평범성banality of evil'이라는 개념을 제시했다. 아이히만이 엄청난 범죄자가 되게 한 것은, 그의 '어리석음'이 아니라 자신의 행동의 의미를 '사유'하지 않았기 때문이라는 것이다.

아렌트는, "인간다운 방식으로 정치적, 사회적 또는 경제적 고통을 완화하는 일이 불가능해 보일 때 전체주의는 강한 유혹의 형태로 다시 나타날 것"(Arendt, 1951, 이진우, 2006 재인용)이라고 경고하였다. 아렌트의 이런 사유에는 유대인으로서 경험했던 수많은 고난과 고뇌가 담겨 있다. 이에 아렌트는 인간이 전체주의에 대항하는 유일한 길은, 인간이 끊임없이 사유하고 가능한 한 최대로 모든 것에서 공공성을 확보함으로써 악이 일상 안에 뿌리를 내리지 못하도록 미연에 방지하는 일임을 주장하였다.

소통과 참여의 공간으로서 공공 영역

공적 담론의 회복을 포함하는 공화주의적 사유에 대한 아렌트의 이론화는 현대정치이론의 새로운 출발점을 제공하였다(김호기, 2016). 특히 아렌트가 복원하고자 했던 공공 영역은 인간의 자유가 실현되는 실존공간으로서 존재론적 의미를 내포하고 있으며, 소통의 공간으로서 정치 영역으로서 의미를 지닌다. 그러나 현대 자유민주주의 국가에서 확대될 것으로 기대된 정치적 행위와 공공성은 오히려 상실되고 있다. 특히 민주주의의 완성에는 경제적 자유뿐 아니라 정치적 자유가 선행되어야 하는데, 한국사회는 경제에 집착한 탓에 공공성이 무너지고 있는 것이다.

한나 아렌트가 강조하듯이, 정부와 시민들이 자유롭게 소통할 수 있는 담론의 공공 영역을 확보해야 올바른 정치가 이루어질 수 있다. 다행히도 촛불시위에서 우리나라는 새로운 민주주의의 가능성을 보았다. 또한 최근 원자력발전소 공론화위원회를 통해 시민의 직접 참여와 숙의 민주주의의 가능성을 확인하였다. 이처럼 사회공동체의 공공선公共善과 보다 창조적인 미래未來를 추구하는 인간 내면에 존재하는 보편적인 인간의지의 확인은 매우 중요하며, 이러한 실천적 이성에 기초한 정책토론과 숙의의 과정은 매우 중요하다(권기헌, 2014 : 26).

구체적으로 정책학에서 강조하는 숙의 민주주의의 핵심적 과정인 숙의심의 혹은 토의를 통해 시민의 직접적 참여가 이루어지고, 성찰적 시민들의 상호 의견수렴을 통해 성숙한 공동체의 의사결정에 도달해야 한다. 서로 다양한 의견을 나눔으로써, 나와는 다른 관점과 생각이 있다는 것을 이해하고 존중하는 가운데 경청하는 분위기를 만들고, 참여한 시민들은 이러한 환경 속에서 서로의 의견을 교환하며 쟁점에 대한 심도 깊은 토론과 숙의의 시간을 가져야 하는 것이다. 이러한 과정은 국민들이 정책을 수용하고 받아들이는 수동적 입장에서 직접 정책과정에 참여하여 자신의 의견을 정책에 반영하는 능동적 입장으로 변화시키게 된다. 즉 숙의 민주주의적 문제해결구조는 공론화 중요성에 대한 인식과 시민들의 능동적 참여, 민주주의 의식 향상이라는 성과를 가져온다.

한나 아렌트는 "정치의 존재이유는 자유이고, 이 자유는 기본적으로 행위 속에서 경험된다."(Arendt, 1958: 197 ; 1968: 151)고 말했다. 이처럼 우리는 공동체 내에서 타인을 인정하고 소통하며 공적 가치를 실현하려는, 다시 말해 인간을 인간답게 해주는 활동을 영위해야 한다. 이를 위해 공적 영역에서 자유에 기반을 둔 토론을 통해 공적 담론을 회복하고 공공선公共善을 향해 나아가야 한다.

또한 전체주의는 과거의 역사가 아니라 앞으로도 언제든 다시 나타날 수 있는 것이라는 한나 아렌트의 경고를 기억하며, 어떤 이념과 사상 또는 지도자를 맹목적으로 칭찬하며 따르기보다는, 스스로 생각하고 행동하는, 즉 '사유'하는 능동적이고 성찰적 시민이 되도록 노력해야 한다.

한나 아렌트의 생애사

한나 아렌트Hannah Arendt는 1906년 10월
14일 독일 하노버Hannover에서 태어났다.
그녀는 유대인 집안에 태어났으며, 임마누
엘 칸트의 고향이기도 한 쾨니히스베르크
Königsberg와 베를린Berlin에서 자랐다. 그녀
는 18세 되던 해 마르부르크Marburg대학에
진학하여 마르틴 하이데거Martin Heidegger
의 밑에서 철학을 공부했으며, 이후 1929년 하이델베르크Heidelberg
대학에서 카를 야스퍼스Karl Jaspers의 지도를 받아 '성 아우구스티
누스의 사랑의 개념'이라는 주제의 논문으로 박사학위를 취득하였다.

그러나 한나 아렌트는 유대인이라는 이유로 교수자격시험을 거부
당했으며, 1933년 게슈타포Gestapo에게 체포되기에 이른다. 일주일
간의 감금 이후 석방된 그녀는 나치의 박해를 피해 파리로 도피하여
1939년까지 유대인 피난민 구호조직에서 활동을 하였다. 그러나 제
2차 세계대전과 함께 프랑스가 나치에 점령당하자 아렌트는 1941년
미국으로 망명을 하게 된다.

미국에서 새로운 삶을 시작한 지 얼마 되지 않은 1943년 그녀는
나치의 무자비한 유대인 학살 소식을 접하게 된다. 이후 그녀는 슬
픔 속에서 힘겹게 어떻게 대중이 전체주의에 이끌리고, 지배당하며,
결국 희생당하는지 써내려간 역작, ≪전체주의의 기원The Origins of
Totalitarianism≫을 1951년 출간하게 된다. 또한 1949년부터 1952년
까지 유대문화재건Jewish Cultural Reconstruction이라는 조직의 책임
자로 일하며 사회 속에서의 역할을 감당했다.

1958년에는 인간의 기본적 권리이자 조건으로서 인간의 정치적
삶에 관한 내용을 담은 ≪인간의 조건The Human Condition≫을 출
간하며 전 세계의 주목을 받았다. 이후 1961년에는 "뉴요커" 특파

원으로 아돌프 아이히만 전범재판에 참석하게 된다. 그녀는 재판 과정을 지켜보면서, 그녀의 대표 사상으로 손꼽히는 '악惡의 평범성banality of evil'을 언급한 ≪예루살렘의 아이히만Eichmann in Jerusalem≫을 1963년 출간하게 된다.

이후에도, ≪혁명에 관하여On Revolution(1963)≫≪어두운 시대의 사람들Men in Dark Times(1968)≫≪공화국의 위기: 정치에 있어서 거짓말Crises of the Republic: Lying in Politics(1969)≫≪시민적 불복종Civil Disobedience(1969)≫≪폭력의 세기On Violence(1969)≫ 등 수많은 저작들을 출간하고, 1975년 12월 4일 뉴욕에서 생을 마감하였다.

한나 아렌트는 20세기 가장 위대한 정치철학자임과 동시에 일생 동안 수많은 고난과 핍박 속에서 유대인문제와 현실정치문제를 다루었다. 그녀가 그렇게 열정을 바친 까닭은 단 한 마디로 요약될 수 있다.

"Amor Mundi!"

그것은 "세상을 향한 사랑!"이었다.

02

정책학과 인문학의
만남

정/책/학의
향연
A Feast
of
Policy Studies

PART
II

정책학과 인문학의 만남

❶ 정책학과 긍정성의 접목

정책학은 '미래', '긍정성'이라는 단어와 친하다. 정책목표에는 치유적(소극적) 목표와 창조적(적극적) 목표가 있지만, 정책학에서 보다 우선적인 관심을 두는 것은 적극적, 가치창조적, 미래 지향적 목표이다.

과거로부터 쌓여온 우리 사회의 적폐, 즉 모순을 해결하는 것도 매우 중요하다. 하지만 정책학이 지향하고자 하는 보다 본질적인 가치는 역시 가치 지향적 목표, 즉 '미래'와 '긍정성'에 있다.

정책학의 창시자들, 라스웰H. Lasswell, 드로어Y. Dror, 얀취E. Jantsch 등은 애초부터 정책학과 미래예측의 접목 가능성에 주목했다. 그리하여 그들은 사회의 근본적 문제를 탐구하고, 이를 해결할 수 있는 정책역량을 배양하여 정책지향성을 완성시킴으로써 인간의 존엄성을 구현해야 한다고 주장했다.

우리 사회의 근본적 문제는 무엇인가? 10년 뒤 한국사회의 미래 모습은 어떠해야 하는가? 우리 사회의 '부정성'을 극복하고, 보다 '긍정성'으로 충만한 미래 지향적 사회를 실현하기 위해 정책학은 무엇을, 어떻게 해야 하는 것일까?

정책학과 긍정심리학

정책학과 긍정심리학의 접점은 어디일까?[16]

정책학이 우리 사회의 갈등을 좀 더 본질적으로 해결하고 긍정사회를 만드는 데 기여하려면 긍정심리학에 대해 연구해야 한다.

긍정심리학은 1996년 펜실베이니아대학의 마틴 셀리그만Martin Seligman 교수가 미국심리학회 회장에 당선되면서 새롭게 내건 현대심리학의 새로운 학문체계이다. 그는 미국사회가 심한 우울증을 앓고 있다고 진단하고 이를 해결하기 위해 칙센트미하이M.Csikszentmihayi 등 동료학자들과 함께 긍정심리에 대해 연구할 것을 제안했다.

그들은 이렇게 선언했다.

"지금부터 우리는 부정성에 대해서는 연구하지 않을 것이다. 긍정성만 연구한다. 지금까지 수십 년간 거대한 연구비를 수주하여 인간의 부정심리, 우울증, 질병, 장애 등에 대해 연구했으나 우리 사회에 우울증이 줄어들었다는 조짐은 발견하지 못했다. 오히려 더 늘어나고 있다. 지금부턴 반대로 기쁨, 행복, 존경, 몰입 등 인간의 긍정심리에 대해서만 연구할 것이다."

결과적으로 연구는 많은 효과가 있었다. 사람들이 어떨 때 조직에서 사람들과 잘 어울리며 협력하는지, 긍정적이고 행복을 느낄 수 있는지에 대해 더 많은 이해가 생겨났다. 사람들은 언제 몰입할 수 있는지, 또한 창의성은 언제, 어떻게 발현되는지에 대한 많은 인과론적인 지식과 앎이 축적되기 시작했다.

마틴 셀리그만의 ≪진정한 행복Authentic Happiness≫, 칙센트미하이의 ≪몰입Flow≫≪몰입의 즐거움≫≪창의성의 즐거움≫, 하워드 가드너Howard Gardner의 ≪다중지능이론≫≪창조적 인간의 탄생≫≪진선미≫ 등이 그러한 연구의 대표적 저작들이다.

정책학과 긍정심리자본

정책학은 우리 사회의 긍정심리자본을 굳건히 형성하는 데 기여해야 한다. 어떤 방안이 있을까?

현대는 초연결사회 혹은 창조적 지식사회이다. 창조지식 시대에 국가에 꼭 필요한 자본은 다섯 가지가 있다.

첫째, 물적 자본이다. 한 국가가 형성됨에 있어서 우선적으로 필요한 것은 물적, 경제적 인프라이다. 자본, 기술을 토대로 하는 강한 경제 인프라가 없는 국가는 모래 위에 지은 집과 같이 취약하다. 작은 외풍만 불어도 무너진다.

둘째, 인적 자본이다. 강한 인프라를 갖고 나면 우수한 인재들이 필요하다. 교육제도를 갖춰서 우수한 재능과 역량을 지닌 인재들을 양성해야 한다.

과거에는 이 둘만으로 충분했다. 강한 경제, 강한 군대, 강한 인재를 지닌 국가는 부강한 국가였다. 그런데 지금은 이것만으로 부족하다. 그럼, 더 어떤 요소들이 필요할까?

셋째, 세계화와 정보화 시대에는 신뢰가 필요하다. 세계화로 인해 국가 간, 산업 간 경계가 무너지고, 정보화로 인해 온라인과 오프라인 간 경계가 허물어진 지금, 국가가 발전하는 데 있어서 신뢰(사회자본)가 필수적이다.

넷째, 현대 지식창조 시대에서는 창의성이 필수적이다. 그 나라의 창의성, 창조성 수준에 따라 부가가치의 수준이 달라질 뿐만 아니라, 문화의 품격과 삶의 질이 달라진다. 그런데 이 창의성과 창조성은 그냥 생기지 않는다. 긍정, 몰입을 통해 생긴다. 긍정, 기쁨, 몰입이라는 긍정심리 에너지를 통해 창조 에너지가 생긴다.

다섯째, 더 나아가 사랑, 헌신, 변혁, 초월까지 이루어진다면 더 말할 나위가 없으리라. 국가와 민족을 위해 헌신하며 다른 사람의 자아실현을 도와줌으로써 내면의 기쁨과 내적 충만함을 느끼는 사람들이 많아진다면, 그 사회는 이미 정신적으로 가장 성숙한 진정한 선진국가, '홍익인간 재세이화弘益人間 濟世理化'가 이루어진 성찰省察사회일 것이다.

성찰사회의 실현은 가능한 것일까? 천국을 지상에 건설한 것과 같은 사회란 실현 가능한 것일까?

니체는 1880년 ≪인간적인 너무도 인간적인≫에서 다음과 같이 말했다.

"배우고 지식을 쌓고, 그것을 교양이나 지혜로 확장해나가는 사람은 삶이 지겨울 틈이 없다. 왜냐하면 모든 것이 전보다 한층 흥미로워지기 때문이다. 그는 다른 사람들과 똑같은 것을 보고 들어도 사소한 데서 교훈을 찾아내고, 사고의 빈자리를 채울 정보를 얻어낸다. 그리하여 마침내 그의 삶은 더 많은 지식과 의미 있는 충만함으로 가득해진다."

그리하여 그는 점차 '초인ubermensch'이 되어가며, 마침내 다음과 같이 말할 수 있게 된다.

"내겐 너무나 많은 꿀이 모여져서 이제 감당하기 힘들 정도다.
그러니 그대들이여, 나의 꿀을 전부 가져가라."

■ 니체(Nietzsche)

> 배우고 지식을 쌓고, 그것을 교양이나 지혜로 확장해나가는 사람은 삶이 지겨울 틈이 없다. 왜냐하면 모든 것이 전보다 한층 흥미로워지기 때문이다. 그는 다른 사람들과 똑같은 것을 보고 들어도 사소한 데서 교훈을 찾아내고, 사고의 빈자리를 채울 정보를 얻어낸다. 그리하여 마침내 그의 삶은 더 많은 지식과 의미있는 충만함으로 가득해진다.

《인간적인 너무나 인간적인》(1880)

> 내겐 너무나 많은 꿀이 모여져서 이제 감당하기 힘들 정도다.
> 그러니 그대들이여, 나의 꿀을 전부 가져가라.

❷ 정책학과 창조성의 연계

창조성에 대한 어원적 이해

창조성, 'creativity'의 어원인 'create'는 '앞으로 나아가게 하다', '성장하다'의 의미를 지니고 있으며, 이는 곧 '보다 높은 가치'를 추구하는 것을 의미한다. 그리고 항상 '새로움'과 함께 하는 것이다.

정책학에서도 '창조성'은 최고의 가치를 지닌다. 정책학이 인간의 존엄성을 추구하는 학문이라고 할 때, 인간의 존엄성이란 인간의 창조적 품격을 의미하는 것이기 때문이다.

혁신과 변혁

변혁은 단순한 혁신보다 차원이 높다. 그건 단순한 양적 변화만이 아니라 방향성을 가리키는 벡터vector의 특성을 지녔다. 그래서 변혁 transformation은 방향성과 혁신의 결합된 의미를 지닌다(trasformation = direction + innovation).

또한 변혁은 새 시대의 기운을 몰고 온다. 새로운 에너지(활력, en-ergy), 자발적 힘의 동원(자발적 지지, mobilization), 동시성spontaneity의 의미를 내포한다.

그래서 변혁적 리더는 헌신과 희생devotion & sacrifice, 개별적 고려 individual consideration, 지적 자극intellectual stimulation, 직관적 영감intuitive inspiration과 동기부여motivation를 아끼지 않는다.

창조적 혁신과 변혁적 인간

창조적 혁신이란 무엇인가? 변혁적 인간이란 무엇인가?

변혁적 인간은 창조적 파괴creative destruction와 파괴적 혁신disruptive innovation을 거치면서 발생한다.

먼저 파괴 없는 창조는 없다. 새로운 시스템이 창조되려면 구체제는 파괴되어야 한다. 낡은 사고가 지워져야 새로운 혁신이 싹튼다.

그래서 슘페터는 새로운 경제혁신을 위해서는 창조적 파괴가 필요하다고 보았다. 정치적으로도 구 시대의 레짐ancient regime이 무너져야 새로운 변혁이 창출된다.

개인적 차원에서도 그러하다. 비우는 마음 없이 새롭게 채워지지도 않거니와 '익숙한 것과의 결별' 없이 새로운 것이 싹틀 리 없다. 때론 과감하게 떠나서 '낯선 곳에서 아침'을 맞으며 새로운 내일을 설계해 보면 어떨까?

그리고 니체가 말하는 변혁적 인간(초인, Ubermensch)이 되도록 노력해 보자. 니체는 "인간이 사랑받을 자격이 있는 이유는 이것에서 저것으로 변할 수 있기 때문이며, 기존의 것을 무너뜨릴 수 있기 때문이다. 그래서 나는 종래의 자기 자신을 모조리 버릴 수 있는 인간을 사랑한다. 자신의 도덕으로 스스로 나아갈 방향과 운명을 창조하는 인간을 나는 사랑한다. 상처를 입어도 영혼이 흔들리지 않고, 작은 일에도 자신의 전부를 바치고 새로 태어날 수 있는 인간을 사랑한다. 영혼이 넘쳐흘러 자신을 잊으면서 모든 것을 자신의 내면에 포용하는 인간을 사랑한다. 자유로운 정신과 마음이 구비된 인간을 사랑한다. 그대들이여, 잘못된 전통적 가치를 버리고 참모습을 구현하라! 초인이야말로 우리가 지향해야 할 목표인 것이다."[17]라고 말한다.

그럼, 변혁적 인간이 되기 위해서는 어떤 구체적인 방법들이 있을까?

최근 뇌과학의 가소성plasticity 이론이 있다. 뉴런 간의 연결구조, 연결망들을 시냅스라고 하는데, 뇌세포의 시냅스의 형태와 망들이 우리의 인격personality을 형성하고, 또 끊임없이 변화시켜 나간다는 것이 그 내용이다. 그렇다면 우리는 뇌에 어떠한 좋은, 긍정적 자극을 통해 우리의 삶은 한 단계 더 고양시킬 수 있을까?

* 좋은 책, 고전, 인문학 도서 읽기
* 자신의 필살기, 재능 찾기
* 좋은 영화보고 감명받기
* 깨어있는 삶과 명상 성찰하기
* 정원을 가꾸며 예쁜 꽃들과 화초, 식물들과 교류하기
* 멋진 곳을 여행하며 엄청난 광경에 압도되기
* 숲속을 걸으면서 사색하기
* 음악을 들으면서 니체 등 철학적 명구를 곱씹기
* 좋은 친구, 멘토, 스승들과 교류하고 인생의 방향잡기
* 좋은 강연, 위대한 예술, 공연 등을 통해 영혼을 정화시키기

지식의 습득과 변혁적 인간

지식과 경험 속에서 진정한 배움이 쌓여 가면, 처음에는 양적 성장이 질적 변화로 이어지게 된다. 질량이 갖춰지고 내공이 생기면서 내

공의 밀도가 점점 더 발전해간다. 의식의 준위가 비약적 발전을 이루고 양자도약이 발생하는 것이다. 남을 도와주고 타인과 함께 발전하는 데서 오는 진정한 내면의 기쁨이 발생한다. 빛나는 인생이 되는 것이다.

■ 지식의 체화과정

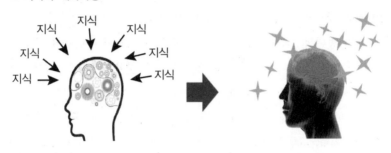

지식 → 양적 성장 → 질적 변화(물리, 화학) → 양자도약
(비약적인 발전) → 지혜 → 내적 변화(질량, 밀도) → 내공, 필살기, 핵심기술

니체의 표현을 빌리자면, "낙타(의무감과 책임감)에서 사자(자유로운 정신)로 변하고, 더 나아가 그 사자는 아이(창조적 정신)가 되어야 한다. 인간의 정신에는 각각 고유한 질량이 있다. 그래서 강인한 정신일수록 더욱 무거운 법이다."[18] 새로운 가치를 창조하는 변혁적 인간은 자유로운 사자일지라도 불가능하다.

새로운 가치를 창조하기 위해서는 우선 기존의 가치들로부터 자유로워져야 한다. 창조적 파괴creative destruction가 필요하고, 파괴적 혁신disruptive innovation이 필요하다. 그러려면 과거의 의무와 낡은 가치, 잘못된 전통적 습관을 타파하고, 새롭게 탄생할 수 있어야 한다. 새로움에 대한 동경, 삶에 대한 강한 의지와 함께, 아무것도 덧칠되어 있지 않은 순수함, 경쾌한 생동감, '나비와 비눗방울'[19]처럼 가벼워져야 한다. 유쾌한 웃음, 날아갈 듯한 경쾌함 속에서 춤추는 열정이 필요하다.

의식의 준위와 양자도약

의식의 준위와 양자도약에 대해서 정리해 보자. 우리 의식과 영혼을 이해하려면, 양자중첩superposition과 양자얽힘entanglement 현상을 이해해야 한다. 그동안 고전역학에서 뉴턴이나 아인슈타인의 거시세계를 설명하는 틀은 분자 이후의 물질세계의 운동법칙을 설명하는 이론적 원리였으나, 20세기 초반 이후 급속도로 발달한 양자이론의 덕분으로 우리는 이제 원자 이하의 미시세계양성자, 중성자, 전자 등과 같은 양자의 세계의 작동원리(역학, mechanics)에 대해서도 이해할 수 있게 되었다.

최근 과학자들은 우리 뇌세포 속에는 미세한 초끈으로 진동하는 양자튜브와 같은 것들이 존재하고, 이 미세튜브들은 바깥 우주세계와 양자얽힘entanglement 현상과 같은 방식으로 정보를 주고받는다는 연구결과를 발표했다.[20]

여기서 중요한 것은 우리의 자아, 의식의 도약이 어떤 방식으로 이루어지는가에 대한 이해이다. 자아, 의식은 비물질이므로 기본적으로 양자 의식세계이다. 따라서 시간과 중력이 작용하는 거시세계의 법칙으로 작동되는 게 아니라시간과 공간을 오고 가는 방식으로 작동되는 게 아니라, 양자얽힘 현상과 같은 방식으로 작동되는 것이다.

이와 같은 원리로 우리가 뇌에 수많은 정보와 지식을 흡수하게 되면 그들 스스로 물리작용이 일어나 체계화, 체화과정을 거쳐서 지혜로 변하면서 의식도약양자도약이 일어나게 되는 것이다.

■ 의식의 준위와 양자도약

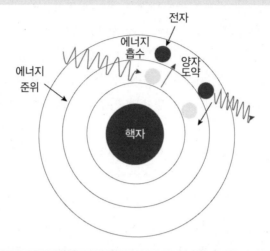

우리 의식의 도약이 어떤 방식으로 이루어지는가: 질적 변화의 창조적 메커니즘

전자

에너지
흡수

양자
도약

에너지
준위

핵자

• 마음 & 의식: 비물질 에너지(기본적으로 양자 의식세계)
• 우리가 뇌에 수많은 정보를 흡수하게 되면 그들 스스로 물리작용이 일어나
  체화과정을 거쳐서 지혜로 변모하면서 의식도약(양자도약)이 일어남

칙센트미하이의 몰입 연구

시카고대학의 칙센트미하이 교수는 인간은 몰입을 통해 창조성이
발휘된다고 하였다. 몰입이란 생각이 집중된 상태, 즉 플로우flow를
말한다.

어딘가에 골똘히 집중했다가 정신을 차려보니 몇 시간이 흘러간 것
을 발견했던 적이 있는가? 그것을 몰입flow이라고 한다.

이때 우리 뇌는 알파파를 넘어서 델타파, 즉 초의식으로 몰입한다.
인간의 일상생활 정신상태는 베타파이지만 고요하고 집중상태로 들
어가면 알파파가 나온다. 집중도가 더 깊어지면 초의식상태에 들어가

게 되는데, 이를 몰입, 몰아지경, 삼매라고 부른다.

칙센트미하이는 인간의 의식상태를 셋으로 나누어 지루한 상태, 불안한 상태, 몰입의 상태로 구분했다.

그림 2-1 의식 흐름의 3가지 상태

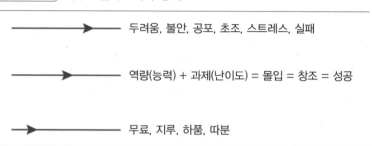

두려움, 불안, 공포, 초조, 스트레스, 실패

역량(능력) + 과제(난이도) = 몰입 = 창조 = 성공

무료, 지루, 하품, 따분

그림 2-2 몰입이 일어나는 과정: 칙센트미하이, 몰입 4사분면

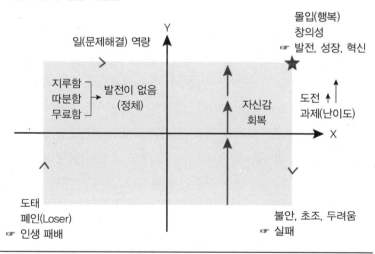

칙센트미하이 – 몰입 4사분면

칙센트미하이는 몰입이 일어나는 변인으로 두 가지 변수를 제시했는데, 그것은 직무역량과 과제난이도이다.

직무역량(문제해결능력. 내공)이 높은데 내가 하는 과제의 난이도가 너무나 평이하게 되면 지루한(따분한) 상태가 온다. 나의 직무역량(문제해결능력. 내공)에 비해 엄청나게 어려운 과제에 도전하면 불안한(초조한) 상태가 된다.

하지만 이 둘 간의 중간 영역에는 몰입이라는 의식상태가 있다. 몰입은 1) 명확한 목적objective, 2) 결연한 의지resolution, 3) 체계적 준비 속에서 우리 정신신경계에 높은 차원의 질서가 형성된 것을 의미한다.[21]

나의 직무역량(문제해결능력. 내공)과 과제 난이도가 적절하게 균형을 이루고, 또한 정신이 집중상태로 들어가게 되면, 우리의 의식상태에 고도의 질서systemic order가 형성되는데, 이때의 의식상태를 몰입의 상태(창조의식. 행복)라고 불렀다.

가드너의 창조적 인간

하버드대학의 가드너 교수는 다중지능이론의 창시자이다. 인지적 지능뿐만 아니라, 감성지능, 실존지능, 영성지능이 창조적 재능을 발휘하는 데 중요하다고 보았다. 이때 실존지능이란, 인간의 존재론적 의미, 삶과 죽음, 축복과 비극 등 우주적이고 실존적인 문제에 대해서 생각하는 지능을 말한다. 인간 존재의 이유나 참행복의 의미, 삶의 근원적인 가치 등을 추구하는 능력이다. 삶의 근본적인 의미를 추구하는 지능으로서, '왜'라는 질문을 끊임없이 던질 필요가 있는 것이다.

창조적 인간과 욕구단계이론

창조적 인간은 진선미를 추구한다. 우주와 자아, 인간과 존엄, 생애주기와 실존적 삶 등에 대한 총체적 지식을 갈망한다. 인식적 욕구와 심미적 욕구 그리고 초월적 욕구가 있다. 지식에 대한 욕구, 아름다움에 대한 욕구, 타인의 삶과 자아실현을 도와주고 싶어하는 초월적 욕구가 있는 것이다. 이는 아브라함 매슬로우Abraham Maslow가 자신의 욕구 5단계 이론을 뒤에 추가하여 보완·발전시킨 욕구 8단계 이론의 핵심내용들이다.

■ 욕구 8단계 이론

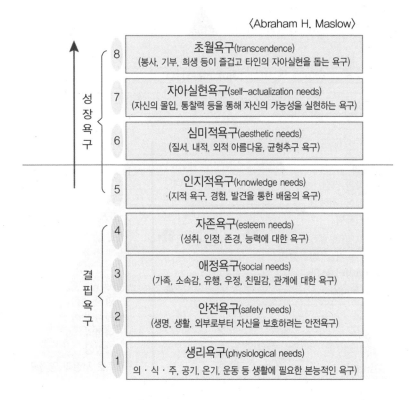

⟨Abraham H. Maslow⟩

성장욕구	8	초월욕구(transcendence) (봉사, 기부, 희생 등이 즐겁고 타인의 자아실현을 돕는 욕구)
	7	자아실현욕구(self-actualization needs) (자신의 몰입, 통찰력 등을 통해 자신의 가능성을 실현하는 욕구)
	6	심미적욕구(aesthetic needs) (질서, 내적, 외적 아름다움, 균형추구 욕구)
	5	인지적욕구(knowledge needs) (지적 욕구, 경험, 발견을 통한 배움의 욕구)
결핍욕구	4	자존욕구(esteem needs) (성취, 인정, 존경, 능력에 대한 욕구)
	3	애정욕구(social needs) (가족, 소속감, 유행, 우정, 친밀감, 관계에 대한 욕구)
	2	안전욕구(safety needs) (생명, 생활, 외부로부터 자신을 보호하려는 안전욕구)
	1	생리욕구(physiological needs) 의·식·주, 공기, 온기, 운동 등 생활에 필요한 본능적인 욕구)

국가의 발전단계도 자본, 기술, 사람 등 '보이는 자본'에 대한 육성에서 시작하여 긍정, 신뢰, 품격 등 '보이지 않는 자본'으로 진입해 가듯이, 개인의 발전단계도 생리, 안전, 애정 등 '보이는 욕구'에서 출발하여 인식, 심미, 초월 등 '보이지 않는 욕구'로 발전해 나간다.

국가와 창조적 혁신

개인은 자신의 한 생애주기를 거치면서 많은 실존적 위기를 겪게 되듯이, 국가도 많은 위기를 겪게 된다.

아래 그림은 창조적 혁신의 중요성을 보여주고 있다.

먼저 국가의 경우를 살펴보자. 국가는 세계화, 정보화의 급격한 환경 변화 속에서 혁신과 변혁 그리고 리더십 도전을 직면하게 된다.

그림 2-3 국가는 왜 혁신되어야 하는가?

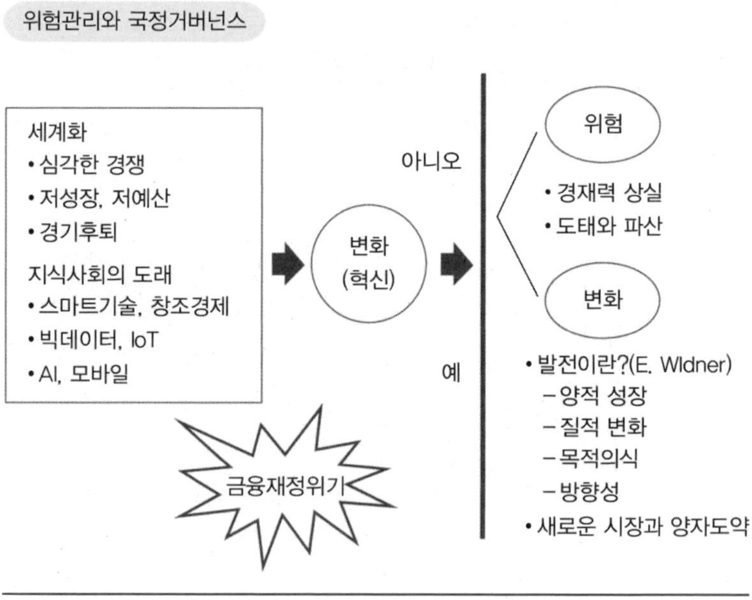

위험관리와 국정거버넌스

세계화
• 심각한 경쟁
• 저성장, 저예산
• 경기후퇴

지식사회의 도래
• 스마트기술, 창조경제
• 빅데이터, IoT
• AI, 모바일

금융재정위기

변화
(혁신)

아니오

위험
• 경재력 상실
• 도태와 파산

예

변화
• 발전이란?(E. Widner)
 − 양적 성장
 − 질적 변화
 − 목적의식
 − 방향성
• 새로운 시장과 양자도약

그림 2-4 생애주기와 변혁적 인간의 변곡점

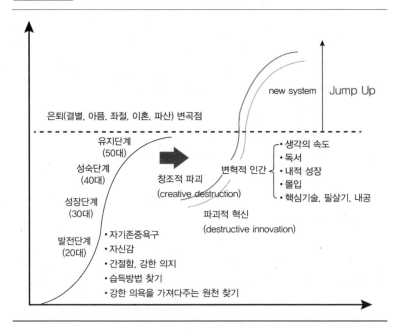

저예산, 저성장 시대에 국가(정부)는 4차 산업혁명이라는 신기술(AI, IoT, Big data, Bio, Nano 등의 융합을 통한)의 혁명적 변화에 대응하여 새로운 리더십과 시스템적 사고를 포함하여 총체적 혁신과 창조적 변혁을 보여주지 못한다면 세계 경쟁에서 낙후 혹은 도태되게 된다.

개인의 경우도 마찬가지이다. 인간도 생애주기를 거치면서 수많은 위기와 아픔을 겪게 된다. 이혼, 결별, 아픔, 좌절, 질병, 파산 등 엄청난 위기와 도전을 거치면서 창조적 변혁을 보여주지 못한다면 낙후 혹은 도태되게 된다.

■ 인생은 험한(거친) 바다를 헤쳐 나가는 항해와도 같다.

정책학과 창조 문화의 확산

　정책학은 경제적으로 효율적인 상태, 정치적으로 자유와 민주주의를 넘어, 사회 구성원들 간의 진정한 신뢰와 등권을 토대로 자아실현 가능성이 열려있는 성찰적 사회를 지향하고 있다.

　창조적 변혁을 통해 몰입과 긍정 문화가 확산되고 우리 사회에 창의적 시민, 덕성 높고 교양있는 시민들이 많아질 때 국가적으로도 도덕성이 높은 성찰사회는 앞당겨질 것이다.

　이를 위해서는 신뢰와 긍정을 핵심가치로 삼는 사회자본과 긍정심리 확산이 필수적인 과제이다. 이는 개인, 가정, 직장에서의 조직 문화의 문제이기도 하거니와 정책적 이슈이기도 하다.

　조직 문화 차원에서 어떻게 하면 투명하고 신뢰가 높은 협력적 거버넌스를 형성할 것인가? 과연 어떤 정책적 프로그램을 통해 우리 사회의 신뢰형성과 긍정심리를 제도적으로 뒷받침하고, 이를 효과적으로 확산시킬 것인가?

❸ 정책학과 자아성의 이해

인간의 자아란 어떻게 구성된 것일까? 이것을 이해하면 정책학이
인간을 이해하고 인간심리의 긍정성을 확산시키는 데 도움을 줄 수
있을까?

프로이트의 자아: 정신분석이론

프로이트는 인간자아를 리비도, 원초아, 자아, 초자아로 나누었다.
첫째, 리비도libido는 성적 에너지, 사랑, 쾌감으로서 원초아를 좌우
　　하는 매우 핵심적 요인이다.
둘째, 원초아id는 무의식이며 자아와 초자아가 분화되어 나오는 모
　　체이다. 원초아는 공격적이고 동물적이며 개인에 내재하는
　　정신적 원동체이며, 개인 생의 기초가 된다. 비합리적이고
　　충동적으로 행동한다.
셋째, 자아ego는 성격 조정자이며 집행자이다. 원초아의 욕구와 초
　　자아의 거절 사이에서 주의상태를 적절히 조정하여 개아의
　　생활을 유지시키는 역할을 한다. 현재의식에 해당되는 마음
　　혹은 자아로서, 생각, 감정, 의지로 구성되어있다.
넷째, 초자아superego는 무의식의 뿌리와 잠재의식 사이를 걸쳐있
　　으면서 양심, 도덕적 억압, 죄의식으로 기능한다.
종합하면 잠재의식, 무의식과 같은 본능적 자아는 심연의 바다와
같이(가령 90% 이상) 우리의 현재의식(마음, 자아)을 규정지으며 영향을 미
친다.
아래 그림에서 보듯이 바다 위 산호초 같다고 보면 이해가 쉽다.
해면 위가 10%, 바다 속에 90%의 산호초가 잠겨있는데, 이게 우리
자아의 모습이다. 해면 위에 모습을 드러낸 불과 10%가 우리의 현재

자아의 모습인데, 이것은 베타파로 활동한다. 현재자아를 이면裏面에서 조종 내지는 통제하고 있는 것이 무의식으로, 90% 이상에 해당될 정도로 영향력이 압도적이다.

───

[그림 2-5] 인간의 자아

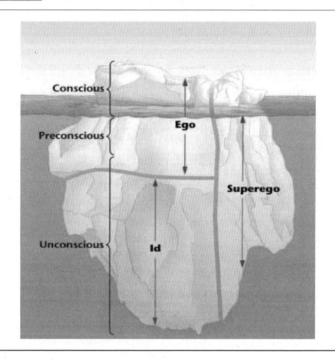

───

프로이트는 이를 의식consciousness, 잠재의식subconsciousness, 무의식unconsciousness으로 구분하면서, 이드id, 에고ego, 슈퍼에고superego로 나누었다. 이드id는 본능적 자아, 무의식에 해당하고, 에고ego는 잠재의식과 현재의식에 걸쳐있고, 슈퍼에고superego는 무의식과 잠재의식에 걸쳐있다. 이드id가 본능적, 충동적 자아라면, 슈퍼에고superego는 양심, 죄책감, 책임감에 해당된다.

여기서 한 가지 중요한 포인트, 프로이트가 간과한 사실이 있다. 바로 초의식이다. 현재의식과 무의식을 막론하고 늘 깨어있는 의식이 하나 있는데, 이것이 초의식이다.

초의식과 참자아

표 2-1 의식의 종류와 두뇌의 파장

- 현재의식, 베타파
- 잠재의식, 알파파
- 무의식, 세타파
- 초의식(우주보편의식), 델타파

그림 2-6 프로이트의 정신분석과 초의식

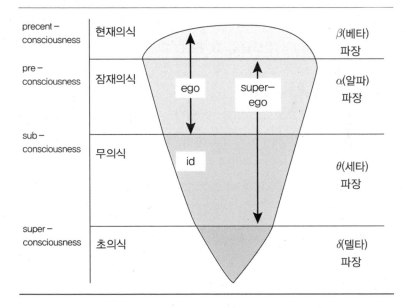

초의식은 우주의 보편적 자아, 즉 참나에 해당된다. 이는 우주의 파장으로 쉽게 설명할 수 있는데, 베타파가 현재의식, 알파파가 잠재의식, 세타파는 무의식, 델타파는 초의식에 해당된다. 그런데 초의식에 이르면, 이는 이미 개체적 의미가 우주 보편적 창조의식으로 용해되므로, 진여자성眞如自性의 바다, 즉 나의 참모습이라고 할 수 있다. 그런데 사람들은 이것이 너무 깊고 눈에 보이지 않으니 없다고 생각하기 쉽다. 이처럼 우리 자아는 눈에 보이지 않으나 늘 존재하는 참자아와 눈에 보이는 우리의 몸과 연결된 마음 정도만 자기라고 생각되는 자아로 구성되어 있는 것이다.

위의 그림에서 현재의식은 몸에서 느끼는 것이다. 우리의 마음과 연결된 에고ego 역시 잠재의식과 현재의식을 오가며 작동하고 있음을 살펴보라. 즉 우리가 일상생활 속에서 느끼는 주된 의식상태인 현재의식에 포착된 상태는 드러난 몸과 드러난 마음의 일부임을 인지할 필요가 있다. 우리의 참모습인 참자아는 그 밑(혹은 표현하기에 따라서 그 위에. 사실은 위와 아래의 방향을 설정할 수 없고 항상 여기에 현존現存한다.)에 초의식상태로 늘 흐르고 있다.

이는 아래 그림으로도 설명할 수 있다. 우리의 생각 파장은 양+과 음-을 오가면서 진행된다. 낮에는 양의 의식상태가 많고, 밤에는 음의 의식상태가 많다. 낮에도 생각과 고민을 하고 있을 때에는 양의 상태이고, 무기無記와 혼침昏沈에 빠져서 멍하게 있을 때에는 음의 상태이다. 하지만 양의 상태이건, 음의 상태이건 초의식super-consciousness은 <그림 2-7>에서 보는 것처럼 늘 흐르고 있다.

그림 2-7 인간의 하루(24시간)와 초의식

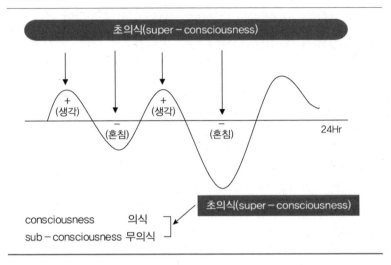

생물학적 자아의 이해

감정의 분자

세계적 석학 캔디스 퍼트Candance Pert 박사는 ≪감정의 분자Molecules of Emotion≫라는 책에서 마음, 정신, 감정이 어떻게 물리적인 육체와 하나의 지능체계지능의 장, the field of intelligence로 통합되는지를 보여주었다. 그녀의 연구는 신체 내의 화학물질인 신경펩타이드와 그 수용체들이 우리가 느끼는 자각의 실질적인 생물학적 기반임을 밝혀주었다. 캔디스 퍼트 박사의 과학적 발견 전에는 몸과 마음의 연결이 이론으로만 존재했으나, 마음의 분자가 직접 몸에 영향을 준다는 생물학적 근거를 제시한 것이다. 몸-마음 연결구조, 물질과 정신, 육체와 영혼의 통일성을 확인해 주었다.

디팩 초프라는 이를 가르켜 한 단어, '몸맘'으로 표현하고 있다. 동양철학에서 이야기 하는 심신일여心身一如가 증명된 것이다. 가령, 마음이 불안하거나 초조할 때, 혹은 누군가에게 심한 스트레스를 받았을 때, 코티졸cortisol이라는 스트레스 전달물질이 분비되어 몸(두뇌)에 직접 영향을 주게 된다. 반대로 아주 흥분되거나 기쁜 일이 생겼을 때 도파민dopamine, 엔돌핀endorphin 등의 신경전달물질이 분비되어 몸(두뇌)에 직접 영향을 주게 된다. 엄청난 사랑에 빠졌거나, 아름다운 풍경에 압도되었을 때, 새로운 진리를 깨달았을 때에는, 엔돌핀보다 4,000배나 강하다고 하는, 다이돌핀didolphin이 분비된다. 신경 펩타이드들이 아미노산 계통의 물질(입자)인 줄 알았는데, 물질이자 마음(감정, 파동)이었던 것이다.

한 가지 더 중요한 사실은 자유의지의 생물학적 기반에 관한 것이다. 신경전달물질들과 그 수용체들은(지금까지 밝혀진 것만 분류하기에 따라 수백, 수천 종이다.) 각각 고유한 위치, 크기, 모양, 숫자 등을 갖고 있어서, 다양한 열쇠와 열쇠 구멍처럼, 수용체가 마음을 열고 수용하지 않으면 접속될 수가 없다. 정확하게 맞아야 수용되는 것이다. 내 의지가 거부하면 아무리 작은 입자(눈에 보이지도 않는다.)들이라 하더라도 수용체에 들어올 수 없다.

가령, 오늘 엄청 우울한데 친구랑 파티나 가서 망가져 버릴까 하는 생각이 들다가도 수용체 수준에서 그 생각(이미 신경전달물질 수준의 생각 입자들)을 거부할 수 있는 것이다.

"아니야. 내가 좋아하는 클래식 음악을 들으면서 마음을 다스려야 겠어."하고 생각을 전환할 수 있는 것이다. 즉 얼마든지 유혹이 와도 자기 자신이 거부할 수 있는 것이다.

캔디스 퍼트 박사는 수용체를 '열쇠 구멍'이라고 불렀으며, "단백질로 이루어진 수용체는 세포막 안에 모여 적절한 화학열쇠들이 세포 밖의 액체 속을 헤엄쳐 와서 자신의 열쇠 구멍에 정확히 꽂히길 기다리는데, 이를 '결합'이라고 부른다."고 했다. 그녀는 더 나아가, "결합, 이것은 분자 수준의 섹스다!"[22]라고 표현했다.

시냅스와 자아

시냅스는 우리 뇌 속에서 신경세포뉴런와 신경세포뉴런를 연결하는 이음새, 틈을 말한다. 또한, 뉴런은 세포체DNA와 이를 연결하는 수초들로 구성되어 있다. 정보를 전달해주는 쪽을 축삭돌기, 전달받는 쪽을 수상돌기라고 하며, 그 둘 간의 연결 이음새에 난 미세한 틈을 시냅스라고 한다.

"우리 인간은 궁극적으로 자신의 모습을 찾기를 원한다. 자신의 모습이란 자아를 일컫는데, '나는 왜 나인가?', '나는 왜 다른 사람하고 본질적인 면에서 다른가?특히 정신적 능력, 행동과 사고하는 습관 등'와 같은 궁금증은 실로 인간 삶의 다양한 형태 속에 녹아들어 있다. 철학의 궁극적 목표가 그러하며, 종교의 내면에도 자아의 정체성이 핵심적인 자리를 차지하고 있다."23)

■ 신경전달물질의 전달 메커니즘

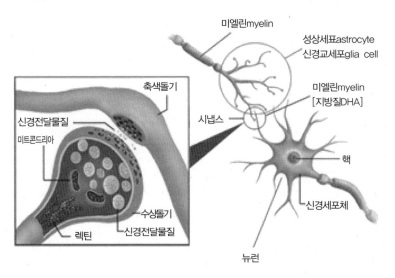

세계적 생물학자 조지프 르두는 ≪시냅스와 자아≫라는 책에서, 시냅스의 연결형태구성, 패턴가 우리의 자아self와 인성personality을 규정짓는다고 말한다. 단적으로 표현하면, '당신은 당신의 시냅스'인 것이다.

그림 2-8 시냅스 활동과 세포 창조(소멸)의 상관관계

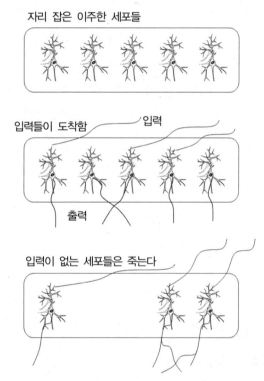

목표 지점으로 이주한 세포들은 외부로부터 입력들을 받아들이고, 이에 따라 축삭(출력)의 성장이 시작된다. 입력을 받는 세포들은 더 생존할 가능성이 있고, 입력을 받지 못하는 세포들은 죽기 쉽다.

* Oppenheim 1998의 그림 20.4에서 기초함; 시냅스와 자아 p.135에서 재인용.

시냅스는 뇌세포들 사이의 간격을 말하지만, 뇌세포들 사이의 통신 채널이며, 신경전달물질과 감정의 분자들을 전달하는 역할을 한다. 뇌에 있는 수천억 개의 뉴런들과 이들의 연결패턴인 시냅스는 복잡하고도 정교하게 연결되어, 때로는 단순한 일호흡 조절과 같은과 때로는 대단한 일새로운 신념이나 혁명과 같은을 가능하게 한다. 이처럼 "시냅스는 우리가 하는 행동 하나하나, 생각 하나하나, 우리가 표현하고 느끼는 감정 하나하나에 핵심적으로 개입한다. 시냅스들은 궁극적으로 뇌가 가지고 있는 기능들에 대한 열쇠이며, 자아에 대한 열쇠이다."[24]

한편, 독서와 몰입, 사고와 성찰을 통해 지식과 생각이 깊어지면 시냅스의 연결망이 촘촘해지는밀도가 높아지는 반면, 그 반대의 경우에는 시냅스의 연결망이 느슨해지다가 마침내 사라지게 된다.

이처럼, 시냅스와 자아, 신경전달물질과 내 안에서 일어나는 창조적 메커니즘mechanism을 잘 이해하게 되면, 왜 니체나 칙센트미하이가 공부와 몰입 독서를 강조했는지를 알 수 있게 된다. 니체의 표현처럼, 꿀지식이 모이면 내공과 밀도가 강해지게 되고, 그렇게 되면 인간도 별초신성처럼 빛나는 존재가 되는 것이다.

내공이 쌓이면서 점점 더 독립적인 자아개체가 되며, 밀도가 높아지면 빛나는 존재超人가 된다. 마침내, 사회와 국가, 나아가 인류에 큰 기여를 하는 인간이 되는 것이다.

영적, 형이상학적 자아의 이해

인간자아의 구성

인간의 물질적 에너지육체를 에워싸고 있는 비물질적 에너지영혼체들이 있다. 그것을 신지과학에서는 7개로 나누고 있다. 먼저 육체와 가까운 곳에 3개의 에너지체들이 있으며, 천상에 가까운 곳에 3개의 에너지체들이 있다.

육체와 가까운 곳의 3개는 에테르체etheric body, 아스트랄체astral body, 멘탈체mental body이다. 이들은 육체와 가까운 곳에 위치하면서 육체의 건강과 밀접하게 관련되어 있다. 특히 에테르체는 자신의 육체 건강상태를 보여주는 바로미터barometer 같은 역할을 한다. 가령, 육체의 어떤 장기에 질병이 오면 에테르체는 바로 생기가 어둡고 탁하게 변한다. 또한, 자신의 감정이 불편해서 정신적 스트레스를 심하게 받으면 바로 자신의 육체 건강에도 부정적 영향을 미치게 된다. 처음에는 불편한 정도이다가 오래 지속되면 치유가 어려운 질병으로 발전하기도 하는 것이다.

육체에서 먼 곳의 3개는 에테릭 템플릿체etheric template body, 다이아몬드체diamond body, 천상체celestial body이다(그림 2-9 참조).

그림 2-9 인간 영혼체의 구성

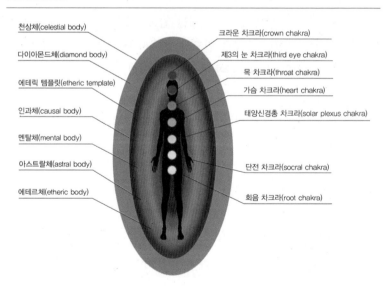

자료: Lisa Montero, "Man, God and the Cosmos", Theosophical Society, Adyar 2001(Powerpoint Slides of Dr. KVK. Nehru)에서 수정.

육체에서 가까울수록 개체성을 띠고 있으며, 육체에서 멀어질수록 자신의 개체성이 옅어지면서 우주의 보편성을 띤다고 보면 된다. 즉 천상에 가까워지면, 우주의 무한지성과의 공유접점共有接點이 넓어지는 것이다. 이는 자신의 육체에 들어와 있는 영혼이 개체성個體性을 띠는 모양이지만, 어떤 단계를 넘어서면 왜 범용성汎用性을 띠면서 우주의 무한지성과 합류통합되는지를 잘 보여주고 있다.

또한 이러한 인식은 이원론과 일원론의 논쟁을 극복하게 해 준다. 이른바 유교와 기독교의 사상 대립이다. 기독교에서는 하느님이라는 창조주이자 초월적 인격신을 전제로 하고 있다. 한편 유교 성리학에서 천天, 하늘이라 함은, 초월적 인격신보다는 비인격적 형태의 천지대자연의 어버이라는 뜻을 지니고 있다. '인의예지仁義禮智' '격물치지格物致知'를 통해 내 안에서 군자적 인격을 존양存養하고 함양涵養하게 되면 하늘의 뜻을 닮아가게 된다고 보는 것이다.

여기서 한 가지 생각해 볼 문제는, 인격이냐 비인격이냐의 문제는 차치하고라도, 초월적 실재와 나의 영혼과의 관계이다. 소위 '내재內在하는 신神'의 문제이다. 동학의 창시자, 최제우가 <교훈가>에서 "네 몸에 모셨으니 사근취원捨近取遠한단 말인가"라고 한 말은, 천주天主를 멀리서 찾을 것이 아니라, 바로 가까이 "네 몸에 모셨으니侍天主", "멀리서 구하지 말라"라고 하는 뜻이다. 또한 불교 보조국사 지눌의 ≪수심결≫의 대의大義도 "밖에서 구하지 말라"라고 하는 한 문장으로 요약되는 것이다.

동학의 교리와 역사도 이를 말해주고 있다. 창도 당시 최제우의 동학은 한울에 대한 공경인 경천敬天과 시천주侍天主 신앙을 중심으로 모든 사람이 내 몸에 천주한울님를 모시는 입신入信을 강조하였다. 제2대 교주인 최시형에 이르러서는 사인여천事人如天 신앙을 중심으로 '사람을 섬기기를 한울같이 한다'는 가르침과 함께, 인간뿐만 아니라 모든 자연의 산천초목에 이르기까지 한울이 내내하는 것으로 보는 물물천사사천物物天 事事天의 범천론적汎天論的 사상으로 발전되었다. 더 나아가, 제3대 교주인 손병희에 와서는 '사람이 곧 한울'이라는 '인내천人乃天' 사상이 선포宣布되기에 이르렀다. 이는 서양철학자 스피노자의 사상이나 인도철학에서도 발견되는데, 신성은 영혼 속에 존재하며, 영혼은 만물에 내재해 있다는 믿음이다. 즉 아트만自我이 곧 브라흐만梵我임을 자각하는 것이다.

위의 <그림 2-9>가 시사示唆하는 바도 이와 같다. 나의 영혼은 비물질적 실체이기에 물질로는 자랄 수 없다. 영혼이 취할 수 있는 것은 비물질적 에너지, 즉 지식과 사랑이다. 내가 공부를 하고 인격을 닦으면 남에게 이로운 삶을 살아야 한다. 남에게 도움이 되는 이로운 삶을 살 때만이 내 영혼은 가벼워지고 빛이 나게 된다. 위 <그림 2-9>에서 보듯이, 내가 공부하고 인격을 함양涵養하면서 내 영혼체靈魂體는 점점 더 열리게 된다. 더하여 지식을 갖추고 인격을 닦아 남에게 이로운 삶을 살면 살수록 내 영혼체靈魂體는 점점 더 가벼워지고 맑아지면서 빛이 나게 된다.

프랑스의 지성, 노벨문학상의 대문호, 로맹 롤랑은 다음과 같이 비유적으로 표현했다.[25]

우리가 '우주적 영혼들'로부터 배워야 하는 것은 그들이 보여준 지고의 지혜이다. 그들의 탁월함과 평온의 비결은 '그저 아름답게만 잔뜩 피어난 백합꽃'이 아니다. 그들은 헐벗은 사람들에게 옷감을 짜준다. 그들은 우리를 미궁의 미로에서 인도해 준다. 그들이 인도하는 길은 원시의 신들이 사는 광대한 혼의 늪지대를 지나 우뚝 솟아 있으며, 천상의 날개로 장식된 정상, 그 무형의 정신으로 우리를 이끈다.

진정 사람의 내면에는 끊어지지 않는 두 겹의 신성한 줄이 천상과 지상 사이를 오르락내리락하고 있다.

진정한 주체

불교에서는 인간의 진정한 주체에 대한 이론이 명확하다. 참나는 무엇이고, 가아는 무엇인지에 대한 구분이 명료한 것이다.

불교의 유식이론에 의하면 인간의 진정한 본성佛性으로 이루어진 순수의식과 우리의 삶 속에서 이루어지는 모든 정보가 저장되는 의식의 공간貯藏識. 無沒識을 아뢰야식이라고 하며, 이것이 윤회의 주체가 된다. 말나식末那識은 의식과 아뢰야식阿賴耶識을 매개하며 자아정체성과 자존심에 해당하는 인간의 개체 마음과 에고ego 발현의 주체가 된다. 이것은 육체의 죽음과 동시에 사라진다.

그림 2-10 인간의식의 진정한 주체

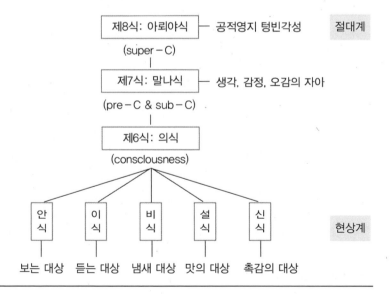

진정한 주체

- 나는 누구인가?
- 참나는 무엇이고, 가아는 무엇인가?

제8식: 아뢰야식 ── 공적영지 텅빈각성   절대계
(super-C)

제7식: 말나식 ── 생각, 감정, 오감의 자아
(pre-C & sub-C)

제6식: 의식
(consclousness)

| 안식 | 이식 | 비식 | 설식 | 신식 | 현상계

보는 대상 듣는 대상 냄새 대상 맛의 대상 촉감의 대상

우주의 구성

우주의 구성을 좀 더 형이상학적으로 살펴보자.[26] 인간의 영적 층위가 올라가게 되면 우주의 창조적 근원을 만나게 된다. 우주의 창조적 근원은, 세 가지 신성의 삼위일체로 구성되어 있는데, 그것은 1) 정신적 근원divine spirit 2) 물질적 근원divine matter 3) 생명적 근원divine consciousness이다(그림 2-11 참조).

첫째, 정신적 근원인 일대심령一大心靈이 분화되어 영혼을 창조하였다. 그것은 인간의 영혼 진화를 돕고 있다.

둘째, 물질적 근원인 창조질료創造質料들이 사용되어 세상을 창조하였다. 그것은 지상의 기운과 에너지들의 근원으로서 물질 진화를 돕고 있다.

셋째, 생명적 근원인 생명의식生命意識은 세상의 모든 생명체들에게 생명을 불어넣었다. 그것은 지상의 생명체들의 생명 진화를 돕고 있다.

인간은 육체에 들어오기 전에 우주 창조 근원의 구성 요소인 원소atomic element들이었다. 그것은 처음에 모나드monad(turiyatma)로 존재하다가 아트만atma - 붓디buddhi - 마나스manas로 구성된 인과체causal 자아self를 형성하였고, 육체에 들어오면서 영혼이라고 불린다. 이 영혼은 에너지적 실체entity로서, 천상체celestial, 에테릭 템플릿etheric template, 아스트랄astral, 멘탈mental, 감정emotional, 에테릭etheric 등의 에너지체energy body로 구성된다(그림 2-12 참조).

창조 근원의 실체는 초월적, 절대적, 근원적 에너지의 장이다. 그 텅 빈 에너지 장은 텅 비어 있으면서도 묘한 '알아차림'이 존재하면서, 의식意識 - 지복至福 - 실재實在의 근원이다. 즉 모든 생명生命과 의식意識의 근원이면서, 모든 창조적 질료를 제공하는 창조創造의 바탕이며, 인간에게는 영혼을 부여한 무한지성無限知性과 신성神性의 근원인 것이다.

그림 2-11 우주의 창조적 근원

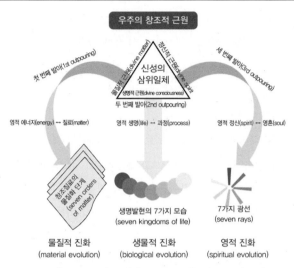

자료: Lisa Montero, "Man, God and the Cosmos", Theosophical Society, Adyar 2001(Powerpoint Slides of Dr. KVK. Nehru)에서 수정.

그림 2-12 인간의 영적 구성

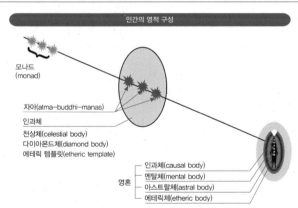

자료: Lisa Montero, "Man, God and the Cosmos", Theosophical Society, Adyar 2001(Powerpoint Slides of Dr. KVK. Nehru)에서 수정.

자아의 열림

진정한 자아, 진정한 주체를 찾는 과정에서 우리는 앞에서 인간의 의식을 8가지로 상세하게 나누어서 살펴보았다. 불교이론에서는 인간의 의식을 여덟 가지로 구분하여, 1) 전오식안식, 이식, 비식, 설식, 신식, 2) 느낌식의식, 제6식, 3) 생각식계산식, 말나식, 제7식, 4) 저장식무몰식, 아뢰야식, 제8식으로 나눈다.

제7식인 말나식末那識을 중심으로 한 자아중심성금강경에서는 아상我相, 인상人相, 중생상衆生相, 수자상壽者相으로 표현했다이 점차 열어지고, 제8식 아뢰야식에 존재하는 여래장의 불성이 주체를 드러내면, 개체 중심의 실존보다는 실재, 즉 초월超越적이고도 내재內在적인 실재가 모습을 드러내게 된다.

아래 <그림 2-13>을 한번 살펴보자. 첫 번째 왼쪽 그림은 막힌 통나무집처럼 개체적 자아가 견고하게 폐쇄적이다. 태양으로 상징되는 진리가 들어와도 별 소용이 없다. 태양과 진리가 존재하는지에 대해서 알아차릴 여유도 없이 자신의 삶에 매몰된 채 하루하루를 살아나간다. 이런 사람에게 세상은 개체적 생존과 투쟁의 장이며 나와 남은 엄격히 구분되어 있다. 그러다가 어떤 계기가 되어 공부를 하게 되면그것이 수행이 되었든 기도가 되었든 혹은 삶의 현장에서 체험을 통한 학습이 되었든 점차 자아는 열린 구조가 되고 마침내 자아는 개방성과 유연성 속에서 열린 사고와 확장된 사고를 하게 된다.

<그림 2-14>는 불교의 유식이론을 통해 좀 더 공식적으로 자아의 열림 현상을 설명하고 있다. 첫 번째 그림은 윤회하는 마음이다. 이 경우는 위 그림의 폐쇄된 통나무집과 유사한 형태로서, 개체적 자아와 타자 사이의 소통은 엄격하게 분리되어 있다. 시각, 후각, 청각, 미각, 육체 감각 즉 오감각식전오식을 통해서 들어오는 정보를 대상으로 제6식인 의식은 종합적으로 분별한다. 이때 제7식인 말나식은 자

아 중심으로 생각과 계산을 하여 자신이 개체에 유리한 방식으로 정보를 해석하고 반응도 하게 된다. 이러한 기억과 경험의 종자들은 제8식인 아뢰야식에 저장된다.

이 첫 번째 그림에서 중요하게 관찰할 점은, 경험하고 있는 '나'를 지켜보는 또 다른 '나'인 자각찰나식이 매우 미약하다는 것이다. 마음의 수행을 시작하지 않는 상태로 자각능력은 매우 약하며, 환경과 자극에 수동적으로 반응하는 것이 이 단계의 특징이다. 일반적인 중생 혹은 보통 사람들의 단계일 수 있다.

하지만 두 번째 그림 등으로 진전될수록 자각이 점점 더 확장되고 있는 것을 보라. 자각이 점점 더 커지다가, 의식(느낌. 정서)을 덮다가, 생각식까지 덮다가, 저장식마저 관통한 자각의 형태를 다섯 번째 그림이 보여주고 있다. 마음의 작용을 이해하고 고통으로부터 해방하고자 하는 열망을 일으켜 자각능력이 작동하기 시작하는 단계에서부터, 의식 수준에서 감정이 일어남과 동시에 자각되기 때문에 감정이 더 이상 힘을 발휘하지 못하고 사그라진다. 그리고 의식에서 일어나는 일체의 느낌, 감정 등이 곧바로 자각되는 단계, 자각능력이 극도로 확장되어 마침내 저장식을 관통함으로써 저장식과 의식, 오감각식 모두가 더 이상 무지와 아집에 가려져 있지 않고 모두가 각성된 단계 등을 설명해 주고 있다.

최종적인 상태로서 여섯 번째 그림은 붓다의 마음을 보여주고 있는데, 여기에서는 경험의 주체와 경험의 대상이 완전히 사라져버린 상태이다. 아는 자와 알려지는 자의 주객의 대립이 사라져버렸기 때문에 마음의 작용 또한 흔적 없이 사라져 버리고, 우주와 완전히 하나가 되어 우주와 자아의 경계가 없어진 상태이다.

그림 2-13 자아의 열림: 3단계의 열림

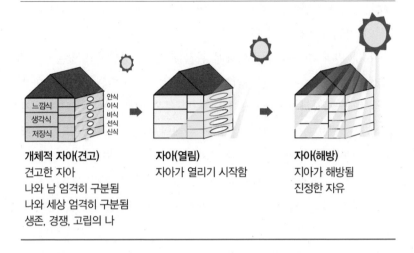

개체적 자아(견고)
견고한 자아
나와 남 엄격히 구분됨
나와 세상 엄격히 구분됨
생존, 경쟁, 고립의 나

자아(열림)
자아가 열리기 시작함

자아(해방)
지아가 해방됨
진정한 자유

그림 2-14 자아의 열림: 6단계의 열림, 불교유식이론

• 마음의 구조-1: 윤회하는 마음

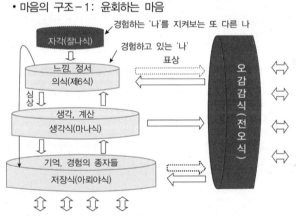

마음의 수행을 시작하지 않은 상태로 자각능력은 매우 약하며, 환경과 자극에 수동적으로 반응한다.

자료: 현대심리학으로 풀어본 유식 30송(불광출판사)

• 마음의 구조-2: 깨달음을 향한 노력

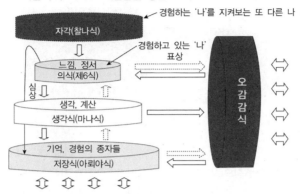

마음의 작용을 이해하고 고통으로부터 해방하고자 하는 열망을 일으켜 자각능력이 작동하기 시작한 마음의 구조

자료: 현대심리학으로 풀어본 유식 30송(불광출판사)

• 마음의 구조-3: 의식을 관통한 자각

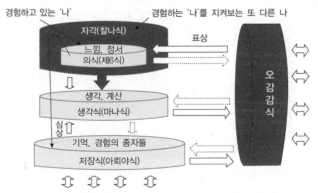

의식 수준에서 감정이 일어남과 동시에 자각되기 때문에 감정이 더 이상 힘을 발휘하지 못하고 사그라지며, 의식에서 일어나는 일체의 느낌, 감정 등이 곧바로 자각된다.

자료: 현대심리학으로 풀어본 유식 30송(불광출판사)

• 마음의 구조 - 4: 생각식을 관통한 자각

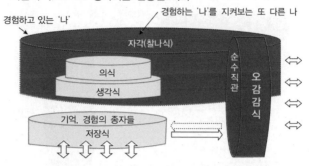

자각이 생각식을 관통함으로써 생각식의 작용이 멈추어지고 자극으로 병합되어 의식과 오감각식에 미치는 생각식의 영향력이 완전히 사라진 상태다. 저장식은 여전히 작용하고 있기 때문에 완전하게 있는 그대로의 실상, 진리를 보는 단계는 아니다.

자료: 현대심리학으로 풀어본 유식 30송(불광출판사)

• 마음의 구조 - 5: 저장식을 관통한 자각

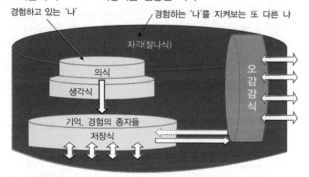

자각능력이 극도로 확대되어 마침내 저장식을 관통함으로써 저장식의 영향권에 있던 오감각식의 나머지 부분도 자각에 병합된다. 따라서 저장식과 의식, 오감각식 모두가 더 이상 무지에 가려져 있지 않고 모두 각성을 이루고 있는 상태다.

자료: 현대심리학으로 풀어본 유식 30송(불광출판사)

• 마음의 구조-6: 붓다의 마음

경험의 주체와 경험의 대상이 완전히 사라져버린 상태. 아는 자와 알려지는 자의 주객 대립이 사라져 버렸기 때문에 마음의 작용 또한 그 흔적이 없이 사라져 버린 상태다. 우주와 완전히 하나가 되어 우주와 자아와의 경계가 없어졌다.
자료: 현대심리학으로 풀어본 유식 30송(불광출판사)

지금 이 순간 존재의 확실한 생생함이 참나眞我이다. 숭산 선사는 "오직 모를 뿐"이라는 판단중지를 통해서 자신의 존재감, 의식의 생생함만 뚜렷한 상태가 순수한 존재감, 우리의 참나眞我를 만나라고 했다. 또한, 보조국사 지눌은 ≪수심결修心訣≫에서 "단지불회但知不會이면 시즉견성是卽見性"이라고 했다. 오직 모르는 마음만 간직하면 본성자리를 본다는 것이다.

이것이 우리가 판단중지를 통해 제8식을 열고 여래장如來藏을 만났을 때 느낄 수 있는, 늘 깨어있는 상태이다. 소소영영昭昭靈靈하고 성성적적惺惺寂寂하면서 공적영지空寂靈知한 자리이다. 여기의 상태를 현대심리학 언어로 표현하자면, 초의식超意識상태이다. 이러한 초의식의 상태의 특성은 다음과 같다.

* 초의식은 늘 깨어있다.

* 평온이 흐른다.

* 생각, 감정으로 오염될 수 없는 순수한 자리

* 생각, 감정, 오감(의지), 즉 마음(의식, 현재자아)을 초월해 있다.

* 평온이 흐른다.

* 마음속 고요와 계합되어 있다.

* 초의식, 꼬리표가 붙지 않은 나

* 그냥 존재하는 마음

* 생각이 끊어진 자리

* 번뇌가 없는 니르바나(열반)

* 하루 종일 안락하다.

* 즐거움이 흐른다.

* 한번 계합하면 늘 흐른다.

인간본성의 본질적 이해

인간본성은 의식이다. 의식은 절대적인 실재이다. 자세히 살펴보면 사실은 그 의식만이 실재한다. 스스로 존재하는 의식의 초월성과 내재성, 그 의식 안에서 여러 내용물들이 우리 인생에서 펼쳐지는 세상만사를 구성한다.

그 스토리에 우리는 울고 웃는다. 때로는 좌절하고 때로는 뛸 듯이 기쁘다.

그것은 마치 한편의 영화와도 같다. 영화가 상영되는 동안은 그 스토리가 실재하지만그리하여 그 영화의 스토리가 사실인 것처럼 생생하게 우리 눈앞에서 펼쳐지지만, 영화가 끝나고 나면 그저 영화일 뿐이다. 우리의 인생 스토리도 이와 같다. 저 한편의 꿈과 같다불교이론에서는 이를 경계가 없다. 혹은 텅 비었다고 표현한다. 그 꿈에 우리는 울고 웃고, 때론 좌절하고 때론 우쭐해 한다.

하지만 옛 선사들은, 이것은 한편의 꿈일 뿐, 그 꿈에서 깨어서 실재를 보라고 외쳤다. 그리고 그 꿈 이면에 존재하는 근원적 바탕, 즉 실재하는 의식을 깨치라고 주문했다.

인간의식의 창조적 실재

의식, 즉 본성을 깨치고 나면 영원히 존재하는 그 바탕만이 실재한다. 현자들은 이 바탕화면, 즉 참의식을 참마음 혹은 참자아라고 불렀다. 그리고 그 참된 본성을 의식, 지복, 실재라고 칭했다. 상락아정常樂我淨. 즉 영원하고 안락하며, 그 스스로 주체적이고 고요히 깨어있다고 했다.

우리 모두의 본성 밑바탕에는 진짜로 자유롭고 싶은 욕망이 있다. 또한 풍요로워지고 싶은 욕망과 함께 공동체의 미래를 생각하는 속성도 있다. 이를 찰스 앤더슨Charles Anderson은 제1, 제2, 제3의 이성이라고 불렀다. 제1 이성은 인간의 자유에 대한 이성, 제2 이성은 경제적 행복을 추구하는 인간의 공리주의적 이성이다. 그리고 더 나아가 이를 아우르는 제3의 이성으로서 공동선公同善, 즉 공동체와 미래를 생각하는 실천적 이성이 있다고 주장했다. 제1의 이성인 자유와 제2의 이성인 공리를 아우르고 포용하는 이 제3의 이성을 우리는 성찰성이라고 부를 수 있다.

변혁적 리더십의 차원적 이해

정책의 성공조건은 본질적 차원과 부수적 차원으로 나누어서 살펴볼 수 있고, 사람의 인생을 평가할 때에도 본질적 차원과 부수적 차원으로 구분할 수 있다. 리더십 역시 그렇다. 리더십의 성공조건도 본질적 차원과 부수적 차원으로 나누어서 살펴볼 수 있다.

본질적 차원은 지도자의 도덕과 품격과 같은, 보다 상위차원의 자질을 의미한다. 청렴성, 투명성, 도덕성, 책무성과 같은 요건과 함께 통합성과 포용성 등을 들 수 있는데, 최근 4차 산업혁명 시대의 불확실성이 고조된 시기, 그리고 인간의 존엄성이 실종될 수 있는 변동성과 복합성의 시기에는 통합과 포용을 근간으로 하는 소통과 책임의 리더십이 강조되고 있다.

세상을 바꾸는 리더들의 공통점

조세핀Josephine kim 교수는 세상을 바꾸는 리더들의 공통점으로 1) 담대한 태도, 2) 폭넓은 관점, 3) 사람을 이끄는 힘, 세 가지를 꼽았다. 이들의 공통점은 9번째 실존지능이 높다는 것이다. 이들은 주위 환경이나 상황들을 큰 그림의 일부분으로 보기 때문에 정서적인 안정감이 아주 높으며, '세상과 시대에 큰 영향을 미치는' 리더라는 것이다.

하워드 가드너는 한걸음 더 나아가 교육적인 관점에서도 실존지능을 길러야 한다고 주장한다. 그는 아이들에게 '우리는 왜 이 세상에 태어났는가? 이 세상을 보다 살기 좋은 곳으로 만들기 위해 나는 무엇을 할 수 있는가?'를 고민하도록 가르치라는 것이다. '인간의 본질에는 사람을 사람답게 살게 할 근본적 질문이 내재되어 있으며', '인생은 결국 그 답을 찾으려는 허기짐과 노력의 연속'이기 때문에 특히 리더가 되기 위해서는 이러한 능력을 기르는 것이 중요하다는 것이다.[27]

공동체의 가치: 통합과 포용의 리더십

이처럼 종합적 실존지능이 발달한 사람이야말로 '공동체의 가치를 아는 사람'이다. 그것은 통합과 포용의 리더십이라고 할 수 있다. 이는 성찰과 소통의 리더십이다. 정치지도자로서 좋은 예로는 하벨 체코 전 대통령을 들 수 있다. 그는 "정치는 권력의 기술을 조작하는 정치가 아니고, 인간을 인공 두뇌적으로 지배하는 정치가 아니고, 공리와 실천과 책략의 기술로서의 정치가 아니라, 인생의 의미를 탐구하고 지키고, 인생의 의미에 봉사하는 정치가 되어야 한다."[28]고 말한다. 표계산에 빠르고 유권자의 인기에 영합하는 정치가 아닌 그야말로 국민의 행복을 생각하고 대의를 생각하는 정치여야 한다는 것이다.

또 다른 예로는 남아프리카공화국의 넬슨 만델라를 들 수 있다. "용서한다, 하지만 결코 잊어서는 안 된다." 만델라 대통령을 진정 위대하게 만든 것은 그의 포용성에 있다. 사람들은 그가 27년간 치욕적인 옥살이를 하고 나와서 당연히 보복이 있을 것이라고 생각했다. 하지만 만델라는 달랐다. 흑인과 백인의 인종의 차이를 떠나서 모두를 감화시키는 그의 품격있는 모습에서 전 세계인들은 감동을 받았다. 내편 감싸기, 네편/내편 가르기의 정치가 아닌 덕의 정치, 포용의 정치에서 우리는 지도자의 진정한 정신적 품격을 만날 수 있다.

100세 시대의 정책학

최근 100세 시대의 도래가 예견되면서 생애주기이론, 장생사회에 대한 담론이 유행되고 있다. 정책학은 100세 시대를 맞이하여 어떤 정책적 준비를 해야 할 것인가?

우리나라는 초고령사회를 넘어 장생사회로 진입할 것으로 예측되고 있다. 생명과학기술의 비약적 발달 때문이다.

장생사회는 인류의 삶의 패턴을 선형적인 삶에서 순환적 삶으로 바꿀 가능성이 있다. 배우고 일하고 은퇴하는 삶, 혹은 성장하고 결혼하고 늙고 병드는 삶이 선형적 삶이다. 순환적 삶은 배우고 일하고 놀고, 배우고 일하고 노는 반복적인 삶을 가능하게 한다. 향후 직업을 3~4개 갖게 될 것이라는 예측과 결혼을 3~4번 할 것이라는 예측은

123

순환적 삶에 대한 전망을 말해주고 있다(윤기영, 2017).

건강하고 활동적으로 오래 사는 장생사회와 순환적 삶은 인간의 의식과 도덕에 어떤 영향을 미칠까? 또한 정책학은 어떤 법적, 제도적, 정책적 준비를 갖추어야 할까?

미래 장생사회는 인간을 육체적 질병으로부터 조금은 자유롭게 하고, 실패로부터도 성찰을 얻게 하고, 지식으로부터도 자유롭게 할 수 있을 것으로 기대된다.

하지만 장생사회가 도덕적으로 그리고 생태적으로, 인간에게도 자연에게도 바람직한 사회가 되기를 바란다면 정책적 준비가 필요하다. 기술은 생각보다 빨리 발전하겠지만, 준비 없는 장생사회로의 진입은 재앙이 될 가능성이 크기 때문이다.

성찰적 접근이 개인의 내면에 국한하는 것이 아니라, 사회적 대안 제시를 위한 방안으로 이야기되어야 하는 이유가 여기 있다.

최근 서구 미래학자들 중에 '윤리2.0ethic 2.0'을 강조하는 학자들이 있다(Joel Kotkin, 2017; Ric Murry, 2017). 급격한 과학기술의 발전, 양극화의 심화, 인공지능으로 인한 인간 가치 기준의 패러다임 전환, 기후변화, 세계화 등의 도전에 대응하여 새로운 가치관과 도덕관을 수립해야함을 강조한 것이다. 성찰에 대한 고민과 윤리2.0은 맞닿아 있다(윤기영, 2017).

❹ 정책학과 역사관의 결합

유발 하라리의 ≪사피엔스≫[29]

유발 하라리 교수의 ≪사피엔스≫가 인류 역사에 대한 새로운 시각, 독창적 해석이 세계 각국 30개 언어로 출간되어 전 세계적인 초대형 베스트셀러가 되었다. 유발 하라리는 이 책에서 무슨 메시지를 전하려고 한 것일까?

인지혁명과 과학혁명

유발 하라리는 1522년 마젤란의 세계 일주 성공 이후 500년간 인류는 엄청난 인지혁명과 과학혁명을 이루었다는 점에 주목했다.

당시 세계 일주에는 3개월이 걸렸으나 이젠 2일48시간이면 가능하다. 나노 로봇캡슐의 발달로 무병장수를 기약하며, FMRI기술과 크리스퍼 유전자가위 편집기술CRISPR로 생명연장을 꿈꿀 수 있을지도 모른다.

언어와 상상력: 신화, 뒷담화, 허구를 믿게 하는 능력

사피엔스가 어떻게 지구를 장악했는가? 유발 하라리는 다음 세 가지를 들고 있다. 그것은 1) '허구'를 말할 수 있는 능력, 2) 그 능력을 통해 만들어낸 '믿음', 3) 그 믿음을 통해 만들어낸 높은 수준의 '공동체'이다.

무지에 대한 인지, 빅데이터 과학이 연결고리가 되어 사피엔스 종의 팽창을 이끈다.

"이기적인 사피엔스는 닥치는 대로 새로운 믿음을, 새로운 조직을, 새로운 싸움을 만들어 내고, 그 새로움을 견디지 못한 다른 종들은 모두 어디론가 자취를 감췄다."[30]

사피엔스는 놀라운 뒷담화, 신화, 상상력 속에서 언어, 농업, 돈자본, 제국, 종교를 만들어내더니, 이젠 과학과 빅데이터의 힘으로 전쟁, 기아, 역병을 극복하고 호모 데우스가 되려하고 있다.

사피엔스는 이제 신의 영역을 넘보며 유전공학으로 생명을 조작하고, 나노와 접목하여 생명연장과 불사를 꿈꾸며, 인공지능과 핵개발에 박차를 가하고 있다.

과연 사피엔스 운명은 과연 순탄할 것인가? 핵무기, 기후변화, 인공지능, 유전공학의 위기 속에서 과연 인류의 운명은 순조로울 것인가?

과연 인류의 미래는 어떻게 될 것인가?

유발 하라리에 대한 비판적 고찰

유발 하라리 저작물의 창의성, 방대한 분량의 정보처리, 그가 가진 놀라울 정도의 객관화 능력은 경탄을 금할 수 없게 만든다.

하지만 이 책의 창작적 구성은 허탈감을 초래한다.

"정말 그게 다일까? 그게 진실의 전부일까? 정말 사피엔스가 가진 능력은 그게 다였을까? 인간이 가진 능력이라고는 언어, 허구, 신화, 뒷담화, 상상력, 허구를 믿게 하는 능력, 과연 이게 전부일까?"

갑자기 궁금해졌다. 인간의 '영'이란 어디 간 것일까? 인류의 '진실'은 어디 간 것일까? 그동안 수만 년의 역사를 거치면서 기록하고 전승시켜온 인류의 빛나는 정신적 문화유산과 지혜는, 그 모두가 허구와 뒷담화, 신화와 상상력의 산물 혹은 기록에 불과했단 말인가?

사피엔스, 영은 있는가?

유발 하라리의 ≪사피엔스≫는 나에게 큰 물음을 던졌다. "영은 과연 존재하는가? 차원계는 존재하는가? 아니면 사피엔스라고 불리는 인간들의 상상력의 산물, 즉 허구인가? 단지, 뒷담화의 능력, 신화에 불과한가?"

인간의 본질을 어떻게 이해하는가 하는 문제는 인류의 탄생 이래로 가장 중요한 실존의 문제이기에 정확히 밝히고 넘어갈 필요가 있다. 특히 30여 개국에서 번역된 초대형 베스트셀러인 ≪사피엔스≫에 담긴 인간에 대한 담론이 본질적으로 타당하지 않고 편파적 이해에 기울어져 있다면, 이는 젊은 후속세대들의 학습과 교훈에도 잘못된 영향을 끼칠 수 있기에 바르게 논의할 필요가 있는 것이다. 상세한 논의를 펼치기 전에 필자의 생각을 먼저 밝히고 싶다. 결론부터 먼저 말하자면, 유발 하라리Yuval Harari 뿐만 아니라 리차드 도킨스Richard Dawkins와 같은 일부 학자들이 주장하는 바와 같은 '만들어진 신'이라는 주장은 오류가 있다. 최근 유명한 영화배우 모건 프리먼Morgan Freeman이 출연한 ≪스토리 오브 갓Story of god≫이라는 다큐멘터리에서 잘 보여 준 바와 같이, 터키 등에서 발견된 인류문화 유적들은, 인류가 부족국가와 같은 집단생활을 하기 이전에 이미 '신'이라는 개념이 인간의 본능 속에 자리 잡고 있었음을 보여주고 있다.[31] 즉, '신'이라는 개념은 인류가 부족국가나 고대국가와 같은 문명생활을 시작하면서 집단의 힘, 믿음, 애국심 등을 이끌어내기 위해 인간의 상상력을 동원해서 만들어 낸혹은 창조해 낸 단순한 허구적 개념이 아니다. 이렇게 본다면, '신'이라는 개념은 인간의 본능혹은 본성속에 이미 내재하고 있다고 볼 수 있는 것이다. 인류의식의 진화 혹은 영혼의 성장에 따라 그 내면의 빛의 크기와 밝기가 다르게 나타나고 있을 뿐이다. 고대에서 보여준 단순한 주술적 믿음이나 대자연에 대한 숭배와 같은 원시적 믿음으로부터 중세와 근대의 앎, 두려움을 거쳐 사랑과 포용(인류애)으로 점차 그 내면의 본질적 모습을 드러내고 있는 것이다물론 사랑과 포용(인류애)로 진화해야 한다는 점은 아직 나타나지 않은 것이기에 희망을 담은 규범적 표현일수도 있다는 점은 첨언해 둘 필요가 있겠다.

하지만 이러한 주장을 하나하나 좀더 타당성있게 짚어보기 위해 필자는 우선 동서양의 고전적 지혜智慧를 빌려와 보기로 했다.

나는 우선 스웨덴보리를 찾아가 보았다.

스웨덴보리, 위대한 선물

하느님께서 각 사람에게 그 행한 대로 보응하시되 참고 선을 행
하며 영광과 존귀와 썩지 아니함을 구하는 자에게는 영생을 주시고.

로마서 2 : 6~7

임마누엘 스웨덴보리1688~1772는 스웨덴의 저명한 왕립학회의 천
재 과학자였다. 스톡홀름에서 출생하여 웁살라대학에서 수학·천문학·
광물학·신학을 전공했다. 자연과학을 연구하여 광산학자로서의 권위
를 인정받고 아이작 뉴턴과 같은 최고과학자 반열에 올랐으나, 57세
에 심령적 체험을 겪은 후 하늘의 소명을 받고 84세에 하느님의 부름
을 받기 전까지 무려 27년에 걸쳐 영계를 자유자재로 탐험한 기록을
무려 8,000쪽이 넘는 책자로 남겼다.

그는 자신이 겪은 일에 대해 다음과 같이 피력하고 있다. "신神이
나에게 사후의 세계, 영계에 자유자재로 왕래하게 하신 것은 역사에
어떤 기적보다 큰 전무후무한 기적이었다. 이와 같은 기적은 인류창
조 이래 그 어떠한 사람에게도 주어진 적이 없다. 나와 같은 과학자
는 얼마든지 또 있을 수 있다. 그런데 영계의 진리를 알고 보니 이는
학문이 아니라 인류의 영원한 생명이 걸린 문제이다. 이 특별한 소명
은 내가 과학자로서 공헌하는 것보다 수천수만 배 더 중요하다."32)

"하느님은 사랑이다. 자발적인 사랑은 반드시 자유의지에서 나오는
사랑이어야 한다. 마음에서 우러나오는 진실한 사랑으로 지상생활을
마친 자만이 천국에서 영생을 누릴 수 있다. 우리 인간은 하느님의
계획에 의해 이곳에 왔고 자유의지를 어떻게 행사하느냐에 따라 천국
과 지옥으로 분리된다."33)

그는 지상을 살아가는 우리 삶과 유일한 창조주 하느님과의 관계에
대한 강한 메시지를 전해 준 인물이다. 또한 인간의 삶이 결코 이 지

상에서만 유한한 것이 아니고 영원한 존재라는 것을 각인시켜주고 있다. 스웨덴보리에게 보내는 역사적 인물들의 찬사도 끊어지지 않았는데, 헬렌 켈러, 임마누엘 칸트, 랄프 왈도 에머슨, 요한 볼프강 괴테, 칼 융, 미국 시어도어 루스벨트 대통령 등이 그 중 일부 인사들이다. 가령, 칸트는 "인류 역사상 스웨덴보리와 같은 인물이 있으리라고는 상상조차 못했다. 또한 미래에도 그런 인물이 나타나리라고 생각하지 않으며, 그 수수께끼 같은 능력에 대해 놀라울 뿐이다."라고 하였다. 또한 칼 융은 "스웨덴보리는 위대한 과학자이며 동시에 위대한 신비주의자였다. 그의 생애와 저서는 나에게 무한한 감동을 실어다 준다."라고 말했다.

우리는 이 지상의 삶을 살되 누구나 한번은 죽음을 맞이한다. 스웨덴보리는 하느님의 사자로부터 소명을 받고 우리가 지상에서 사는 삶의 목적을 분명히 밝혔다.

"지상의 삶은 우연히 태어나서 살다가 누구나 한번은 피하지 못하는 죽음에 의해 사라져 가는 것이 아니라 영원한 삶을 지향해 가기 위한 하나의 과정으로 주어졌다. 우리는 육신의 죽음을 대하면 죽었다고 말을 하지만, 생명이 본래 육신에 있지 않고 영체에 있다. 죽음은 영체가 입었던 옷을 벗는 것과 같아서 생명은 영체에 그대로 남아 있고, 다음의 세상에서 영원한 삶을 얻는다. 우리 삶의 궁극적인 목표는 고통과 함께하는 이 지상생활이 아니라 하느님 나라에서 영원히 사는 영생이다."[34]

스웨덴보리 메시지의 중요성은, 지상의 인간으로 하여금 우선 하늘을 쳐다보고 깨닫게 하고, 그 다음엔 땅을 바라보고 실천하게 만드는 데 있다. 영생이나 천국을 얻는 길이 하늘에 있는 것이 아니라, 이 땅 위에 있음을 확고하게 증언하는 것이다. 우리가 지상의 생활을 하는 동안에 사랑을 키우고 하느님 보시기에 합당하게 살아야만 구원을 받는다. 진리는 하늘에 있고, 실천은 땅에 있다. 천국은 인생의 목표요, 경기장은 여기 지상이다. 스웨덴보리는 영체탐험기靈體探險記를 통해서 건전하고 경건한 지상생활이 천국으로 가는 길임을 명확하게 증거하고 있는 것이다.

현대과학의 오만과 만능주의는 영원한 생명을 가진 영의 존재를 부인하기 쉽고, 따라서 사후세계나 사후의 생명을 믿지 못하고 있다. 하지만 최근에는 양자역학이 나오면서 소립자 수준에서 양자들의 떨림과 진동 현상을 밝히고 있다. 양자중첩superposition과 양자얽힘en-tanglement, 그리고 초끈이론들이 밝혀지면서 '영靈'들의 떨림과 진동 현상에 한발 더 다가가고 있다. 초당 수천 회 이상 빠른 속도로 떨리는 영들의 진동 현상 속에서 개체 수준에서 영과 영들의 교류와 정보의 교환, 영과 대자연하느님, 大靈과의 주파수周波數 교류와 기도祈禱의 실현원리 등이 양자얽힘 현상으로 하나하나 밝혀지고 있는 것이다.

자, 이상의 사실들을 받아들인다면, 인간은 영을 가진 존재이고, 영은 대자연과 교류하고 있다는 것을 이해할 수 있다. 사피엔스는 우연히 발생한그리고 진화한 여섯 호모 종류 중 하나에 불과하고치부하고, 뛰어난 뒷담화와 허구虛構를 만들어내고 집단들에게 믿게 만드는 능력심지어는 신과 천국을 만들고 이를 믿게 만드는 능력. 죽음을 피해보려는 인간의 욕망을 채우기 위해 천국과 영생이라는 개념을 만들고 이를 종교라는 이름으로 조직화한 능력 등으로 인해 여타 호모 종들을 경쟁에서 이기고파멸시키고 마침내 이 지구상에 유일한 인간계로 남아 승리한 것으로 엮어내는 유발 하라리의 ≪사피엔스≫ 바탕에 깔린 인간관과 역사관은 어딘가 결핍된, 오류誤謬의 스토리임을 이해할 수 있을 것이다.

예수께서 "너희는 마음에 근심(요동)하지 말라. 내 아버지 집에 거할 곳이 많도다."요한복음14 : 1~3라고 했을 때, 그 아버지 나라와 머무를 집mansion들은 단순히 예수의 상상 속에서 만들어진 허구虛構였을까?

예수는 "평화의 신, 사랑의 신, 창조의 신"[35)에 대해 전하려고 왔다. "정결함과 거룩함은 언제나 사랑, 인간의 존엄 그리고 평등함 속에서 이해되어야 한다."[36)고 주장했다. 예수는 진정한 축복을 받아 거룩하고 행복한 삶을 살아가는 사람들을 향해 세상에서 축복된 존재가 되라고 호소한다. 그는 겸손, 연민, 사랑, 정의, 평화 그리고 기꺼이 자신을 내어줄 수 있는 의지의 본보기[37)이다.

붓다의 깨달음

붓다는 같은 이야기를 다른 각도에서 접근했다.

먼저 붓다는 영적 실재를 좀 더 세분화하였다. 붓다는 천국이 하나로 이루어진 세계가 아니라, 지옥, 아귀, 축생, 아수라, 인간, 사천왕천, 도리천 등 욕계 11천, 범중천, 범보천, 대범천, 소광천, 무량광천, 광음천 등 색계 18천, 공무변천, 식무변천, 무소유천, 비상비비상천 등 무색계 4천 등 33천으로 이루어져 있다고 했다.

한편 붓다는 사람들에게 고통에서 벗어나는 법을 가르쳤다. "자아는 환상幻想이며 자신이 세상의 중심이라고 여기는 것은 한낱 망상妄想일 뿐"[38)이라는 가르침을 펼쳤다. "소박함, 자비, 관용, 이타심 그리고 진정한 행복에 대해서 설파"[39)하면서, "삶은 고통이다. 고통의 원인은 자아에 집착하는 욕심이다. 욕심은 극복될 수 있다. 자아에 얽매이지 않는 길은 여덟 가지 길八正道을 통해서 가능하다."[40)라고 가르쳤다.

붓다는 다음과 같이 말했다.

"영혼은 윤회한다. 지知. 생각, 정情. 감정, 의意. 의지로 이루어진 혼은 영에 훈습薰習되어, 인과응보를 기준으로 윤회輪廻하니, 악한 업을 짓지 말라. 바른 견해를 갖고정견 마음을 정화하여 고요한 마음정념과 바른 지혜정정를 얻도록 노력하라. 바른 말정어과 생각정사유으로 바른 직업을 갖고정업 인생의 바른 뜻을 깨달아정명 최선을 다해 남을 도우라정정진."

"'오온五蘊이 실로 공空하다'. 색수상행식 즉 색물질. 육체과 수상행식 개체의 마음작용 모두 참으로 공空하니제행무상. 제법무아, 그 개체의식의 양변을 여의고일체개고 제3의 의식상태, 즉 참나상태전체의 실재상태. 무아를 깨달은 상태. 열반, nirvana, 열반적정에 들라."

붓다의 일차 관심사는 일반 중생들이 고통의 바다에서 벗어나 행복하게 사는 데 있었다. 중생들이 고통을 겪는 이유는 허망한 것을 있다고 보고, 무상한 것을 영원하다고 보아 애착하고 집착하는 데서 오는 것으로 보았다. 모두 개체의식의 가아假我인 제7식末那識의 작용, 에고ego의 발현으로 인한 것들이다. 붓다는 허망한 것을 허망한 것으로 보고, 무상한 것을 무상한 것으로 보고 바로 알아서 지금 바로 법의 실상을 깨달으라고 했다. 그러면 내가 애착했던 것이 허깨비였음을 알고, 내가 집착했던 것이 뜬구름 같음을 알게 될 것이라는 것이다. 나와 너, 주관과 객관, 본질과 대상의 개체의식에서 벗어나 전체의 실상을 바로 알게 되면그리고 이 실상만이 본래부터 살아있는 생명이요. 생생한 열반적정(전체적 실재. 초월적 실재)이었음을 바로 알아 깨닫게 된다면, 고통의 바다에서 벗어날 수 있다고 주장했다.

티베트의 지혜

티베트 불교는 스승을 강조하되 체계적인 교학과정을 이수하여 정견을 정립하고, 그 정견에 의해 밀교密敎 수행을 완성하는 방법을 제시하는 등 대승불교 내에서도 독특한 수행체계를 보유하고 있다. 모든 현상의 공성空性으로서의 법신法身을 관상觀相하는 방법, 만트라 mantra 암송, 호흡과 관상觀相을 통해 모든 기운이 가슴 차크라로 수렴된 상태에서 강한 집중력과 극도로 정화된 기운을 갖춘 정광명淨光明

수행법, 죽은 뒤 다음 생生을 받기 이전의 중간단계인 중음바르도, bar-do에서 의식상태에서의 수행 방법을 체계화한 바르도 수행과 의식전이意識轉移 방법 등 독창적 수행체계를 갖추고 있다. 이렇듯 티베트 불교는 삶과 죽음, 윤회輪廻, 생의 중간단계인 중음中陰. 바르도, 의식전이意識轉移 등이 이론으로만 그치는 게 아니라 실제 그들의 종교 전통 속에서 실증되고 명확한 방법으로 계승되는 등 인류 문화의 종교와 수행의 독특한 형태와 발전단계를 구축하고 있는 것이다.

"삶과 죽음은 마음속에 있으며, 그밖에 어디에도 없다는 것은 티베트 불교의 혁명적인 통찰"41)이다. "마음은 모든 것의 보편적인 토대로, 행복과 고통의 창조자이고 우리가 삶이라 부르고 죽음이라 일컫는 것의 창조자이다."42) 더 나아가, "마음의 본성티벳어로 리그파의 광휘라고 부른다은 순수한 때 묻지 않은 의식으로, 지적이고 인식능력이 있으며 항상 깨어 빛난다. 그것은 앎 자체에 대한 앎"43)이다.

티베트 불교의 뛰어난 스승, 소걀 린포체는 ≪티베트의 지혜≫에서 정견正見과 지혜智惠, 그리고 마음의 본성리그파의 광휘을 강조한다. 정견이란 "존재의 근원인 절대적인 상태를 바로 보는 것"이다. 그리고 지혜란 "자신이 본성을 깨닫는 것"을 말한다. 마음의 본성은 "영원하고 무한하며 흔들리지 않는 영원한 토대이며, 그것은 존재들을 지탱하는 유지자이며, 모든 존재의 가슴속에 머물고 있다. 모든 빛의 원천이며, 모든 앎의 대상이자 목표이며, 앎 그 자체"이다.44)

"깨달음은 실재한다. 누구든지 올바른 환경 속에서 바르게 수행을 닦기만 하면 마음의 본성을 실현할 수 있고, 우리 안에 있는 죽지 않는 것과 영원히 순수한 것도 알게 된다. 그렇다면 불성은 정확히 어디에 있는가? 불성은 하늘같은 우리 마음의 본성에 있다. 전적으로 열려 있고 자유롭고 아무 한계도 없는 불성은 근본적으로 지극히 단순하고 자연스러워 결코 오염되거나 더럽혀질 수 없으며, 결코 생겨나지 않았기에 언젠가 없어지는 것도 아니다. 인식할 수 있으되 텅 비어 있고 늘 깨어 있다. 하지만 불성이 하늘은 아니다. 하늘이 지니지 못한 특성, 의식의 빛나는 명료함을 지녔기 때문이다. 심오하고 평온하고, 복잡함에서 벗어나 어떤 것과도 뒤섞임 없이 반짝반짝 빛나는 명료함. 그것은 다만 티 없는 깨끗함으로 자연스럽게 그 자신을 바라본다."45)

그대는 그대 안에서 초월적 실재를 보는가?

그 초월적 실재는 보편적이고 통일된 실재인가?

그대의 자아의식은 초월적, 보편적, 통일적 실재와 마주하는가?

디팩 초프라, 창조적 무한지성

디팩 초프라Deepak Chopra는 인도 뉴델리에서 태어나 하버드 의대를 졸업한 현존하는 심신의학의 최고 권위자이다. 현대의학과 인도 전통의학인 아유르베다를 접목시켜 새로운 건강창조법을 제시했다.

그는 세계적 베스트셀러 ≪마음의 기적≫에서 우리의 본성자리, 바탕자리를 무한지성이라고 불렀다. 과학자들이 양자의식의 장(場, field)라고 부르는 이 창조의 자리는 '배열, 조직력, 지성'46)의 원천적 바탕이다. 우주에 편재遍在한 무한지성으로부터 창조의 힘이 나오는 것이다.

무한지성으로부터 지능이, 또 여기로부터 생각, 감정, 느낌이 나온다. 따라서 우리의 한 생각, 최초 생각은 지능붓디으로부터, 그리고 이 지능붓디은 우리의 바탕자리본성자리로부터 나온다. 이 바탕자리가 우주에 편재한 양자의식의 바다, 즉 무한지성infinite intelligence, spirit인 것이다.

또 이렇게도 이야기할 수 있다. 우리의 본성자리는 '아는 능력', '알아차리는 능력'이 있어, 이 자리는 능히 그대의 생각, 감정, 느낌의 주인인 자리이다.

몸은 경험을 하지만 '경험하는 자'는 아니다. "경험을 하고 있는 사람시간과 공간을 넘어선 누군가이 있는 것이다. 그리고 그 사람이 진정한 '당신'이다. 그 '당신'이 시간의 제약을 받는 모든 경험 속에서 시간을 초월한 본질이고, 느낌 너머를 느끼는 자이고, 생각을 생각하는 자"[47]이다.

진정한 '당신'은 당신의 몸과 마음이 시간과 공간 속에 붙잡아놓은 비국소적 장이다. 당신의 영靈, 지성, 곧 "생각을 생각하는 자는 몸과 마음을 통해 스스로에 대한 표현을 발견하지만, 이 두 실체가 파괴된다 할지라도 본질적인 당신에겐 아무 일도 일어나지 않는다. 왜냐하면 본질적인 당신은 물질이나 에너지 속에서 찾을 수 없기 때문"[48]이다.

인도의 고전적 지혜, ≪바가바드기타≫는 자연이 인간을 위해 준비한 지성의 단계를 다음과 같이 설명한다.

"사람들은 감각이 미묘하다고 말한다. 감각보다 미묘한 것은 지각이다. 하지만 지각보다 세밀한 것은 지능이다. 지능까지도 넘어선 것은 '그'다."[49]

"'그'는 결코 태어나지도 않고, 죽지도 않고, 한순간에만 존재하지도 않으며, 사라지지도 않는다. 태어나지 않았고, 한없이 영원하며, 아주 오래되었고, 육신이 죽음을 맞아도 그는 죽지 않는다."[50]

이 글에서 '그'는 영靈, 지성을 가리킨다.[51] 무한하고 보편적이며 창조적인 지성을 가리킨다. 그 대단한 지성은 우주 어디 멀리 있는 게 아니라, 바로 당신 안에 존재한다.

"지성은 당신 안에서 형태를 부여하는 힘으로 작용하며, 따라서 그것이 진정한 당신"[52]이다.

디팩 초프라는 이 초월적 실재, 본성자리를 각성한 사람들을 더 높은 의식, 높은 차원의 창조적 인간으로 불렀다. 그리고 여기에 도달하기 위해서는 '깨어있는 명상'[53]을 권했다. '깨어있는 명상'은 깊은 차원에서 몸과 마음의 긴장을 푸는 단순한 방법인데, 마음이 차츰 고요해지면활짝 깨어 있는 상태에 있으면, 더욱 깊고 고요한 자각을 통해 자신의 진정한 실재, 마음의 본성을 깨닫게 된다는 것이다.

매슬로우A. Maslow 역시 같은 주장을 했는데, 이러한 창조적 인간은 그의 욕구 8단계 이론의 상층부에 위치한 절대적 자유, 내면의 충만함, 의심없는 행복, 끊임없는 사랑과 창조성을 느낀다고 했다. '본성의 깨달음'의 상태에 도달한 사람들은 더 높은 인식에 이르며, 그들의 의식은 활력이 넘치고, 폭이 넓다. 그들은 깊이 사랑하고, 진정한 자비심을 느끼고, 진정한 지혜를 보여준다.[54] 깊은 고요와 초연함, 삶에 대한 깊은 통찰력 속에서 내면의 풍경은 평화롭다.

인도철학의 지혜

인도철학의 고전바가바드기타, 우파니샤드에는 인류 정신 문명의 지혜가 담겨져 있다.

《바가바드기타》에서는, 우주의 근본 순수의식을 프루샤인격체의 이름으로는 브라흐만라고 한다. 이러한 근본정신, 초월적 실재에서 최초의 물질 질료가 분파되어 나오는데, 이를 프라크리티라고 부른다. 프라크리티근본 질료는 샤트와밝고 고요한 기운, 라자스활동적 기운, 타마스어두운 기운라고 하는 세 가지 기운guna으로 이루어져 있다. 마음이나 물질에는 이 세 가지 기운이 늘 함께 들어 있으며, 어떤 기운이 지배적이냐에 따라 외적인 형태가 결정된다. 즉 근본 질료인 프라크리티로부터 다양한 형태의 물질 입자들이 파생되고, 이들의 조합으로 현상계의 만상 만물들이 빚어지는 것이다.

프라크리티에서 시작하는 이 모든 과정이 신적인 정신인 프루샤의

정책학의 향연

자기 전개이지만, 신적인 정신은 이 모든 변화에 영향받지 않고 늘 자신의 상태에 머문다. 신적인 정신은 태어나지도, 변화하지도, 소멸되지도 않으며, 시작도 없고 끝도 없는 큰 생명 그 자체이다.[55]

순수 정신인 프루샤를 인격화하여 브라흐만이라고 부른다. 브라흐만은 생명이 있는 존재이든 없는 존재이든 모든 존재 속에 현존하고 있는 보편적·초월적·통일적 실체이다. 이것을 신성神性이라고 부른다면, 만물 속에 신성이 현존하고 있다. 각 개체 속에 현존하는 브라흐만신성을 아트만참자아이라고 한다. 특히 인간의 개체자아 속에는 깨달음의 식별능력인 '붓디buddhi'가 있다. 아트만과 브라흐만은 본질적으로 하나이다.[56]

≪우파니샤드≫에서는 이렇게 묻고 있다. "만물의 참자아인 아트만의 자리는 어디인가? 그것을 생각하는 자는 누구이며, 그는 어떻게 그것을 생각할 수 있는가?"[57]

인도철학에 있어서 인생의 목표는 브라흐만신·절대자과 순수하게 합일된 정신을 자신의 개체아트만 속에서 구현하는 것이다. 자신의 개체 속에 포함된 카르마를 모두 정화하여 우주의 순수정신과 합일하기 위해, 그들은 기도, 요가, 고행 과정을 거친다. "마음을 안으로 돌리고, 바깥세계와 접촉하는 감각 기관을 제어하면서 진정한 자기 자신이 누구인지를 찾는 훈련을 계속하다 보면 자신의 참자아인 아트만을 깨닫게 된다. 그리고 자신의 참자아 아트만이 곧 우주적인 신성인 브라흐만이라는 사실도 깨닫고, 모든 차별과 이원성을 벗어 던진다. 이런 사람은 브라흐만과의 합일상태에 머문다." 이것이 ≪바가바드기타≫에서 말하는 합일(요가) 훈련의 핵심이다.[58]

사피엔스, 영은 있는가

요약해보자.

인간은 죽을 수 없는 존재이며, 영적인 존재인 인간은 신과 일체이므로 신이 존재하는 한, 인간은 결코 죽을 수가 없다는 점을 논증하고 있다. 인간이 영혼의 단계에서 모든 모순矛盾과 업장業障을 정복했을 때 그 씨앗은 충분히 발아하여 마침내 완성의 축복에 도달하여 신과 일체be at one with God가 되는 원시반본原始返本의 지혜를 제시하고 있다. 그대의 본 존재, 일대심령一大心靈은 지금 이 순간에도 본래의 모습 그대로 성성적적惺惺寂寂, 상주불변常住不變 빛나고 있는 것이다.

그리하여 우리는 유발 하라리의 담론은 인류의 지혜에 대한 깊은 통찰이 결여되어 있음을 지적해 두어야 한다. 사피엔스의 역사관에서 이러한 형이상학적 부분에 대한 고찰이 빠져 있다는 것은 큰 결함이다.

프랑스의 지성, 인간의 존엄성을 일깨운 휴머니스트로 평가받는 로맹 롤랑은 다음과 같이 말했다.59)

"나는 동양과 서양이 각각 잘못 표방하고 있는 두 가지 대립적인 정신양태, 즉 이성理性과 신앙信仰, 좀 더 정확하게 말하면 다양한 형태의 이성과 다양한 형태의 신앙이 조화를 이루었으면 한다. ⋯ 오늘날 우리는 어리석게도 인간 정신의 양면성을 분리하여 서로 모순된 것으로 여기고 있다. 이러한 부조화는 협소한 시야에서 비롯되지만, 정도正道를 벗어나 스스로 서양과 동양의 대변자라고 자처하는 이들에게서 공통으로 발견되곤 한다."

최소한, 하나의 큰 가설로라도 남겨두자. 아니면 인류 문명의 큰 지혜, 적어도 인류 정신 문명의 한 축을 이어온 문화유산의 보고寶庫를 잃어버리는 것일 수도 있다. 이는 "충만한 삶과 인식의 결핍, 통찰력의 상실, 판단의 왜곡"60)으로 인해 인류 전체의 역사관과 인생관에 대한 심각한 부작용으로 귀착될 수 있기 때문이다.

허구虛構와 허구虛構 지을 수 없는 것

인간이 아직 덜 성숙해서의식의 때karma가 덜 벗겨져서 혹은 때론 욕망과 두려움과 공포 속에서 허구를 만들어내고, 인간의 역사를 혼란과 어둠 속으로 몰아넣을 수 있다.

세계대전, 세계대공황, 국가 간 분쟁과 압제, 세계적 투기자본의 전횡, 국가 간의 음모 등이 그렇다. 국가와 세계차원 뿐인가. 개인과 개인 간, 이웃과 이웃 간, 조직과 조직 간, 종교와 종교 간에도 아직 그렇다.

인류의 진화발전 속에서 의식이 아직 덜 성장해서 그렇다.

하지만 꼭 구분되어야 할 것이 있다. 순수의식인 영과 그를 둘러싼 혼의 관계이다. 지정의知情意로 이루어진 혼은 진화하며 성장하는 개념이다. 정보의 저장식貯藏識이며, 무몰식無沒識으로서 불교식으로 말하면 아뢰야식阿賴耶識이다. 때론 이 혼이 개인 단위에서 작동하고, 개인 혼들이 모이면 집단적, 국가적, 종교적 공업共業, 집단적 카르마으로 작용하기도 한다. 원한, 복수, 민족적 전쟁, 종교적 분쟁 같은 것들이 그러하다.

그러나 영은 그 스스로 빛나며, 그 자체로 존재한다. 공적영지空寂靈知하고 성성적적惺惺寂寂하다. 허령불매虛靈不昧라, 태어나지 않았으니 죽을 수 없고, 늘어나거나 줄어들지 않으며, 더러워지거나 깨끗해지거나 하는 일체의 이분법을 초월해있다. 진공묘유眞空妙有라, 텅 비어있으나 묘하게 알아차리고, 참으로 고요하게 비어있으나 생생하게 깨어있다. 분명하게 살아있는 것이다. 이 전체로서 분명하게 살아있는 것이다.

그건 초월성超越性이면서 내재성內在性이다. 초월성인가 하면 나와 관련된 현상이고, 내 안에서만 일어났는가 하면 그렇지는 않고 초월성이다. 시간, 장소를 넘어서 있기에 그러하다.

그건 마치 비유하자면, 임마누엘 칸트가 말했듯이, "내겐 신기한 것이 있다. 너무나 생생해서 지우려 해도 지워지지 않는다. 그것은, 밤하늘에 빛나는 저 별과 내 가슴 속에서 빛나는 순수한 이성이다." 라고 한 것과 같다.

유발 하라리와 니체가 주장했듯이, 인류 역사가 지어낸 개념과 도구들을 다 허구와 우상으로 돌리더라도(여기에는 돈, 자본, 시장, 제국, 조국 등이 모두 포함된다), 개념적 허구로 돌릴 수 없는 것이 존재한다. 죽음, 차원계, 영혼, 신 등 절대적·근원적·초월적 실재가 그러하다. 이들은 인간에 의해 만들어진 개념이 아니다. 아니 만들어질 수 없다. 만들어질 수 있는 게 있고 만들어질 수 없는 게 있는 것이다.

노벨문학상의 대문호, 로맹 롤랑은 이렇게도 말했다.[61]

"영리한 사람들은 20세기에 이르러서도 환영幻影과도 같은 고대의 정신이 과학적인 이성과 하나의 지성 혹은 하나의 뇌 안에 공존한다는 사실을 받아들일 수 없을 것이다. … 그러나 그들은(고대의 사상과 정신은 결코 미친 것이 아니다. 그 세계 속에는 실로 진정한 기적이 있고, 뭇사람들은 누리지 못하는 세상의 풍요豊饒가 있다. 대다수 서구 사상가들이야말로 자신들만이 거처하는 한 층 안에 자신을 스스로 밀폐시키고는, 온 인류가 거주하고 있는 집 전체를 둘러볼 생각은 하지 못하고 있는 것이다."

인간과 영혼, 그리고 마음 에너지

인간은 마음 에너지가 있어서 미래와 공동체를 열어나갈 수 있다. 인간은 탄생 시 육체라는 천지天地 에너지와 영혼이라는 인간人間 에너지가 순간적인 결합을 통해 생겨나는 미세한 입자들의 결정체인 마음 에너지가 만들어지면서, 천지로 이루어진 대자연과 개체 영혼을 주파수로 연결시킨다. 개나 고양이, 소나 돼지와 같은 동물들은 그냥 천지 에너지로 빚어진 동물 육신은 있으나, 영혼으로 빚어진 마음 에너지는 없다그리하여 그들은 실존적 존재는 아니다. 오직 인간만이 실존實存한다. 따라서 동물들은 대자연의 흐름에 순응해서 살아가긴 하지만 미래와 공동체를 창조적으로 열어나갈 수는 없다. 허구를 말하는 능력, 뒷담화와 신화를 창조하고 이를 공동체에 믿게 하는 능력은 인간이 바로 영적 에너지, 즉 영혼과 마음을 갖고 있기에 가능했던 것이다.

쇼펜하우어 역시 ≪의지와 표상으로의 세계≫에서 이러한 종합적 인간관에 대한 이해를 제시하고 있다. 즉 그는 "자기 존재에 대해 질문하는 형이상학적 욕구를 지닌 인간을 자연의 유기체로 보는 생물학적인 진화의 결과로 인한 지성의 능력인간이 자연의 힘이라는 환경과 적응하는 진화 과정의 단계에서 출현된 것으로 봄과 함께 인간이 자기의 삶의 근원인 보편적 의지에 대해 성찰하는 형이상학적 탐구능력의 결합체"로 이해했다. 즉 이러한 지성知性의 능력에 의해 "인간만이 세계의 근원과 삶의 근원에 대한 질문"을 할 수 있는 것이다. 더 나아가 인간은 "개별적인 자아의 거부를 통해 자신의 의지를 타인, 더 나아가 우주의 근원인 보편적 의지로 확장"시킬 수 있으며, "이때 일어나는 자아에 대한 통찰과 타자에 대한 연민이라는 감응은 인간의 도덕적 행위를 가능하게 하는 조건"62)이라고 주장함으로써 앞으로 인류에게 필요한 새로운 휴머니즘의 가능성을 이론적으로 제시해 주었다.

자, 그렇다면 우리는 이렇게 정리할 수 있다. 인간이 허구, 뒷담화, 신화를 만드는 능력은 인간의 영혼과 마음 에너지로부터 나온 창조적 능력임을 알아야 한다. 유발 하라리는 이러한 종합적 이해에 기반한 사피엔스관觀을 이해하지 못했기에 선후관계가 뒤엉킨 해석을 내놓았다. 인간이 국가, 시장, 제국, 미래 등 허구를 창조하고, 이를 신화적으로 믿게 함으로써 하나의 공동체를 만들어가는 능력은 인간의 창조적·영적 능력으로부터 가능하게 된 것인데, 그것을 원천적으로 가능하게 만들었던 절대적·근원적·초월적 실재마저 허구로 지어낸 것마냥 오해함으로써 혼란을 초래한 것이다. 그것은 심각한 순환 오류 내지는 인간에 대한 종합적·유기체적 관점을 파악하지 못한 데서 오는 국소적 오류를 범하게 되었던 것이다.

유발 하라리에 대한 지적은 이 정도만 하기로 하자. 보다 중요한 논점에 대해서 언급하는 게 더 중요하기 때문이다. 보다 중요한 논점은, 상기한 인간관에 대한 총체적 이해를 지금이라도 바르게 할 필요가 있다는 점이다.

이제 사피엔스는 선천先天 시대의 모순을 극복하고, 자신들이 보유한 정신적 창조능력창조성을 힘과 의지만이 아닌, 창조성의 또 다른 축인 사랑과 공감을 불러낼 수 있는 지혜를 발휘해야 한다. 이러한 지혜를 발휘할 수 있느냐 없느냐가 인류 미래의 핵심 관건이 될 것이다. 시나리오 씽킹 플래닝scenario thinking planning 등 도구적 수단과 함께 가슴을 열고 인류의 공존과 번영을 위해 지도자들은 머리를 맞대어야 할 것이다이 대목에 관해서는 뒤에서 서술하게 될 아담카헤인의 2×2모형, 힘(의지)×사랑(공감)모형을 참조하라. 그것은 최근 인류의 석학 드로어 교수가 ≪지도자들에게: 인류를 구원하기 위한 긴급한 비망록 지침for rulers: priming political leaders for saving humaity from itself≫[63])에서 제시한 비망록 메모에서도 절박한 심정을 발견할 수가 있다.

그리고 이러한 변혁적 깨달음은 인간과 초월적 실재의 관계, 인간과 대자연宇宙의 관계, 천지인의 조화 속에서 인간이 대우주天地에서 차지하는 위치, 특히 후천後天세계에서 성장한 새로운 인류뉴사피엔스의 독창적 역할 등에 대한 올바른 이해로부터 출발할 필요가 있다. 인간이 영적 실재자로서 갖는 대우주에서의 형이상학적 위치, 개체적 자아의 이기적 충족에 만족하는 존재에 대한 이해를 넘어서 타자와의 공감과 연민을 통한 사랑과 자유를 실현하는 인간의식의 확장 가능성, 그리고 이러한 과정을 통해 보다 더 근원적 실재에 다가갈 수 있는 인간의 실존적 가능성 등을 새롭게 조명할 필요가 있을 것이다. 이것이 그동안 인류 역사의 과정에서 진화를 거듭해 온 새로운 인류의 휴머니즘이면서, 동시에 새로운 휴머니즘이 지향해야 할 창조적 방향성이다.

이것을 사피엔스가 이룩하느냐 못하느냐에 따라 인류의 미래가 결정될 것이다. 화해와 평화, 공존과 공영으로 갈 것인가, 아니면 또 다른 갈등과 분열, 전쟁과 파괴로 종결되고 말 것인가?

❺ 정책학과 존재론적 '향상심'

괴테, "너무도 뜨겁게 타올랐던 불꽃"

괴테는 독일 고전문학의 꽃을 피운 거장으로서 1749년에 태어나 1832년 사망할 때까지, 그의 83년 생애는 끝없이 뜨겁게 타올랐던 불꽃이었다. 작품을 발표할 때마다 그것이 어느 장르이건 세간의 주목을 한 몸에 받았던 괴테는 유럽은 물론이고 미국에까지 막대한 영향력을 행사하는 등 세계 문학계의 거장이었다. 그의 나이 25세에 유럽 문단의 최고 작가 반열에 오르게 해 준 ≪젊은 베르테르의 슬픔≫, 1790년부터 1831년까지 40여 년에 걸쳐 구상하고 집필한, 괴테의 전 생애를 통해 성찰되고 완성된 작품이었던 ≪파우스트≫는 물론이고, ≪괴테와의 대화≫는 당시 젊은 문학도였던 에커만과의 대화를 기록으로 남긴 책으로 여기서 괴테는 그에게 삶의 의미와 본질을 깨닫게 하는 수많은 이야기를 들려주었다.

≪괴테와의 대화≫에서는, 정치세계사의 거대한 흐름 속에서 지식인의 역할, 세계 문학의 대가들에 대한 괴테의 의견, 삶의 지혜를 담은 교훈적 담화 등 평생의 경험과 지식이 함축된 이야기를 기록했다.

그 중심 테마는 '향상심向上心'이었다. 괴테는 "지금 무엇을 하는 어떤 사람이건 삶을 발전시키는 최고의 자산은 지금보다 더 나은 내일을 만들려는 '향상심'이다."[64]라고 말했다. '향상심'이란 확고한 비전과 미래를 향하는 뜨거운 의욕을 가지고 자신감 있는 태도로 충만한 마음을 뜻한다.

각성覺性된 삶

쇼펜하우어는 인간 행복의 세 가지 근본 규정으로 유발 하라리와 유사한 관점을 제시했다.

① **외재적 소유**: 부, 성취
② **내재적 성품**: 인품, 인격, 아름다움, 기질
③ **타인의 눈에 비친 모습**: 명예, 지위, 명성

하지만 타인이 눈에 비친 자기의 모습, 명예, 지위, 명성 역시 외재적 소유에 들어갈 수 있으므로, 결국 외재적 관점과 내재적 관점으로 분류한 것과 같다. 이런 측면에서 보면 유발 하라리의 통찰력에서 한 발 더 나아간, 더 훌륭한 관점이라고 볼 수 있다.

자 그럼, 유발 하라리가 제시한 제3의 접근의 본질적 의미는 무엇일까? 이것은 본질적으로 깨달음, 각성된 삶의 의미를 새겨보지 않고는 이해할 수 없는 부분이다. 그리고 이것은 불교에 대한 본질적 이해를 전제로 하고 있다.

그렇다면 각성覺性된 삶이란 무엇을 의미할까?

보통 우리는 세상을 볼 때, '나와 타자', 혹은 '나와 세상'이라는 식으로 접근하게 된다. 아침에 눈을 뜨면, 내가 있고, 오늘 내가 해야할 일이 있고기쁜 일, 혹은 걱정되는 일 등, 내가 만나야 할 사람이 있고,

내가 가야 할 학교나 직장이 있는 것이다. 만나기 싫은 사람을 만나야 한다면 걱정이 앞설 것이고, 만나려고 손꼽아 기다렸던 사람을 만나게 된다면 기쁨이 앞설 것이다. 하기는 싫지만 꼭 부닥쳐야 할 일을 앞두고 있다면 스트레스가 몰려올 것이다.

불교적 관점에서 보면 세상은 이렇게 구성되어 있지 않다. 우리의 의식이, '생각'이 이렇게 보도록 맞춰져 있어서 그렇게 보일 뿐이다. 쇼펜하우어의 말처럼, 사물의 객관적 · 현실적 모습이 우리의 행, 불행을 좌우하는 것이 아니라 우리가 사물을 받아들이는 모습, 우리의 마음에 비친 사물의 모습이 우리를 행복하게도 하고 불행하게도 만드는 것이다." 또한 철학자 에픽테토스의 표현처럼, "인간을 불안하게 만드는 것은 사물이 아니라 사물에 대한 의견"인 것이다.[65]

'전체'로서 살아있는 한 물건, '이것''영', '한얼', '일대심령'이라고 불러도 좋고, '참나', '진아', '이것', '이뭐꼬'라고 불러도 좋으나, 개념화 하는 즉시 '생각'에 떨어진다고 하여, 이름 붙이는 걸 금한다이 존재하고, 그 위에 나도 타자도 세상도 있다. 내가 '생각'을 부여하면 그 '스토리'가 더 생생해지는 것이고, 내가 생각의 관점을 '전체'로 돌리면 '부분'의 영상들은 힘을 적게 받거나 점차 소멸fade out, or tapering된다.

말하자면, '부분'에 의식의 초점을 두고 '개체' 중심의 삶에 집중할 것인가대부분 우리네 삶과 세상사에 이것을 기초로 돌아간다, '전체'로 의식을 '확장' 혹은 '되돌릴 것'인가의 문제이다.

'되돌린다'는 표현이 더 맞는 게 원래 진실은 그렇게 구성되어 있는데 우리가 미망迷妄에 빠져 개체적 삶을 살고 있기 때문이다. 더욱 중요한 점은, 전체로 의식을 돌리는 연습불교에서는 이를 '수행'이라고 부른다을 하다보면 우리의 삶이 더욱 빛나고 점점 더 확장되고, 그렇게 되면 더욱 행복하고 의미로 충만한 삶을 살 수 있게 된다는 것이다.

그렇다면, 각성覺性된 삶이란 무엇일까?

각성된 삶이란, 의식을 부분이 아닌 전체, 개체가 아닌 '한얼'에 초점을 두고 의식이 전체로 확장된 삶이라고 정의할 수 있겠다. '질량에 내공이 더해진 삶', '밀도가 높아 충만한 삶', '벌꿀이 너무 많아 직관과 영감, 통찰력이 넘치는 삶', '의미로 충만한 삶'이라고 할 수 있다.

각성覺性된 인간이 많아지면 우리 사회 역시 빛나고 깨달음으로 가득 찬 세상이 될 것이다. 긍정과 신뢰를 지닌 사회, 미덕과 덕성으로 가득 찬 사회, 성찰省察사회 실현에 한발 더 가까이 다가설 것이다.

과연 그런 세상의 도래를 꿈꾸는 것은 한낱 유토피아적 환상에 불과할 것인가?

양자의식의 바다

세계적인 물리학자들은 이제 우주와 세상이 미세하게 진동하는 양자들로 이루어져 있다고 본다. 입자이기도 하며 파동이기도 한, 이 미세한 양자전자들이 초끈처럼 진동하고 있는 것이다. 빛을 내고 율동하며, 우주 전체가 하나의 빛 그물망으로 연결되고 얽힌다.

세상은 미세하고 진동하는 빛 입자들의 그물망인데, 나도 그중의 일부이다. 떼려야 뗄 수 없는 그물망의 연결고리이며, 개체가 전체이고 전체가 개체인 것이다. 내가 움직이면 전체가 함께 출렁인다.

불교에서는 이러한 전체 연결망, 양자의식의 세계를 진여자성의 바다라고 부른다. 이것을 본契슴된 사람을 '깨달은 자' 혹은 '각성된 사람覺者'이라고 한다.

"내가 움직입니다. 온 우주가 함께 출렁입니다. 온 우주가 릴라의 율동律動처럼, 시바의 무도舞蹈처럼, 나와 함께 춤추며 환희로 빛나고 있습니다."

무엇을 위해 아침에 일어나는가

사람은 우주를 바라보며 살아야 한다. 우주가 내게 원하는 것이 무엇인지, 그 명확한 비전과 꿈이 무엇인지를 새겨야 한다. 밤하늘의 별처럼 빛나야 한다. 군더더기는 다 집어치우고, 내가 태어난 목적을 향해 살아야 한다. 내가 태어난 목적은 무엇인가?

≪무엇을 위해 아침에 일어나는가≫는, 미국 베네딕트 여성수도자협회 회장을 지닌 조앤 치티스터 수녀의 책 제목이다. 이 책에서 그녀는 "어떻게 잘 살아갈 것인지, 어떻게 활기차게 살아갈 것인지를 깨닫고 이를 추구해야 한다."고 말한다. "삶이 마땅히 제시해야 할 모든 것들과 직면해 우주와 하나가 되기 위해 우리는 각자 삶이 주는 혼란을 공유하며 영적인 성숙에 이르기까지 난제들을 헤쳐 나가야 한다."[66]는 것이다.

"영적 의식을 고양시키기 위해서 우리는 무엇을, 어떻게 해야 하는가?"

"어떻게 살 것인가?"는 인류 역사상 삶에 관한 가장 오래된 질문이다. 우리는 과거의 지혜 속에서, 이전에 살았던 모든 인생의 현자들이 그랬던 것처럼, 열린 마음과 깨어있는 사고로 세상에 임해야 한다.

"어떻게 살 것인가"는 니체의 인생록에 부쳐진 책 제목이기도 하다. 니체는 "잘못된 전통적 가치를 버리고 참모습을 구현"하며, "자신을 극복하고 초월한 '초인'이 되라"고 말한다. "하루의 3분의 2를 자신을 위해 쓰지 않는 사람은 노예다."라고 질타하면서, "한가롭게 아무 일도 하지 않는 것에서 오는 고귀함을 깨달으라"고 외친다.

오늘날의 학자, 사업가, 직장인 할 것 없이 모두 "정신없이 바쁘게 살아가는"데서 오는 낭비와 무능함을 꼬집으면서, 진정한 "삶의 주인"이 되기 위해서는 어떻게 해야 할 것인지를 성찰하라고 말한다.

147

"돈과 명예를 위해 눈코 뜰 새 없이 바쁘게 살던 사람들이 어느날, 한가한 사람이야말로 참된 행복을 누리며 살고 있다는 사실을 깨닫는 순간, 그들은 이미 불행한 사람이 되어 있을 것"[67]이라고 경고한다.

현대는 그야말로 변화와 속도, 불확실성과 모호성의 시대이다. 따라서 우리는 모두 바쁘게 살아간다. 현대인들의 시계는 예전보다 더빨리 돌아가고 있다. 도심의 길거리를 걷고 있는 사람들의 모습은, 누구나 할 것 없이 모두 종종걸음을 치고 있다. 어딘가를 빨리 가야하고, 누군가를 빨리 만나야 하고, 무언가를 빨리 처리해야 하는 것이다. 너나없이 바쁘게 살아가고, 상대방이 바쁨으로 인해 나의 심리는더욱 바빠진다.

하지만, 잠시 돌이켜 생각해 보면, 우리가 바쁘게 만나야 하는 그많은 사람들이, 처리해야 하는 그 많은 일들이, 우리의 참된 영적 성숙과는 본질적으로 무관한 일이라면, 그 많은 일들을 하는 우리의 행태는 '분주한 게으름'이 아닐까? 혹시 우리는 그 분주한 게으름 속에서 덧없이 허둥대고 있는 것은 아닐까?

진정한 의미도 없는 허둥댐 속에서 끝없이 표류하다가, 몸도 마음도 나약해지는 순간, 혹은 죽음이라도 맞이하게 된다면, 우린 얼마나많은 후회後悔와 회한悔恨의 눈물을 흘릴 것인가?

그대는 지금 행복한가?

가을하늘의 따스한 햇살이 창가에 비쳐 눈부시도록 찬란할 때, 그대 몸을 햇살에 맡겨보라. 그리고 스스로에게 한번 물어보자.

"나는 지금 행복한가? 나는 내 인생의 본질을 향해 다가가고 있는가?무엇이 내 인생의 본질인가?"

의지와 표상으로서의 세계

≪의지와 표상으로서의 세계≫는 쇼펜하우어의 대표작이다. 니체는 대학생 시절 우연히 하숙집 주인의 헌책방에서 이 책을 발견하고 사들고 집에 와서 읽기 시작했는데, 엄청난 충격에 빠졌다고 한다. "나는 그때 그 정력적이고 음울한 천재 철학가로부터 깊은 감명을 받고 내 몸을 전부 내맡겨 버렸다. 그 책을 통해서 나는 세계와 인생과 나 자신을 비추어 볼 수 있는 큰 거울을 발견한 것이다." 니체에게 있어서 쇼펜하우어의 체험은 최초의 정신혁명이 되었다.

그렇다면, "의지와 표상으로서의 세계"란 무엇을 의미하는 것일까?

쇼펜하우어는 말한다. "인간이 태양을 알고 대지를 아는 것이 아니라, 단지 태양을 보는 눈이 있고 대지를 느끼는 손이 있음에 불과하다. 인간을 둘러싸고 있는 세계는 표상으로서만 존재할 뿐이다. '세계가 존재한다.'라는 단어 속에서 표현되는 존재는 오로지 인식하는 의식을 위한 존재하는 것, 즉 '인간을 둘러싸고 있는 세계는 표상으로서만 존재할 뿐이며, 즉 다른 것, 표상하는 것, 결국 자기 자신과의 관계와 관련해서만 존재하는 것이다."

"모든 것을 인식하지만 어떤 것에 의해서도 인식되지 않는 것이 바로 '주체'이다. 주체는 세계의 전달자이며, 모든 현상, 모든 객체에 널리 관통하고 언제나 그 전제 조건이다. 왜냐하면 모든 것은 주체에 의해서만 존재하기 때문이다."

쇼펜하우어의 담론을 여기서 길게 소개하는 이유는 '주체'의 중요성을 새삼 강조하고 싶어서다. 여기서 이 '주체'는 '실재'와 '바탕'을 의미하며, '나'라고 하는 개체의 주관과 객관을 넘어선, 그 '바탕'의 '실재'를 의미한다.

우리는 흔히 눈을 뜨는 순간, 나와 타자, 혹은 나와 세상(현상)으로 구분되며 바로 이분법에 빠진다. "나는 배고프다.", "나는 외롭다.", "나는 기쁘다."할 때에도 나와 "내가 느끼는 객관적 현상"으로 바로 들어가 버린다. '나'라고 하는 '개체'에 바로 매몰되어 버리는 것이다.

'나'와 '대상'을 벗어나 바로 지금 이 자리에서 이 모든 것을 가능하게 만드는 '실재'를 인식하라. '실재'에 대한 인식이 '참나'의 발견이며, '의식'과 '바탕'에 대한 참다운 확인이다.

"우리는 실재를 인식할 수 있는가? 그리고 이 실재는 살아있는 의식이며 생명인가?"

"늘 한결 같은, 한 번도 변한 적 없는, 지금 여기, 이 인식하는 이 바탕자리는 의식意識이며, 지복至福이며, 실재實在인가?"

인도의 성자, 라마나 마하리쉬가 말하듯이, "'이것(眞我)'만이 실재하는가?"

그렇다면, '이것'을 어떻게 한번 볼 것인가?

이 '본성'의 세계는 너무도 신령스러우나 텅 비어 있고, 텅 비어 있으면서도 신묘하게 깨어있어, 텅 빈 각성이라고 하고, 아무 것도 없고 고요하나 묘하게 알아차린다하여 공적영지空寂靈知라고도 한다.

이 '실재'의 세계는 실로 근원적 의식이 발생하는 창조적 '장場, field'이고, 진여자성의 '바다'이며, 양자의식의 '바탕'이다.

옛 선사들은 이 자리는 주체와 객체를 넘어서, 주관과 객관을 넘어 있고, 목표와 대상을 넘어선 '본성'자리라고 했다.

"했다."라고 하는 이 말이 끝나기도 전에 이 말이 나온 그 '본성'자리, 그 '바탕'자리는 지금 어디에 있는가?

한번 진지하게 탐구해 볼 주제이다.

본성에 밝아지기

본성에 밝아진다는 것은 무슨 뜻일까? 그리고 본성은 어디에 있는 것일까?

디팩 초프라가 얘기한 바로 '무한지성'의 자리이며, 쇼펜하우어가 말한 바로 그 '주체'의 세계이다. 주체와 객체가 나뉘지기 이전, 아니 주체와 객체를 존재하게 하는 이 '바탕', 이 '실재'의 세계가 바로 우리 '본성'의 자리이다.

우리의 '본성'을 좀 더 알아볼까?

알 수 없는, 그리고 텅 비어 있는, 이 세계에서 우리의 모든 생각, 감정, 느낌이 나온다. 최초의 한 생각도 모두 여기에서 나오는 것이다.

데카르트, 칸트, 쇼펜하우어, 니체도 이 자리를 정확하게 인지하지 못했다. 데카르트의 유명한 언구, "생각한다. 고로 나는 존재한다."는 칸트에게 오면, "인식한다. 고로 나는 존재한다."로 바뀌고, 쇼펜하우어에 오면, "의지를 갖는다. 고로 나는 존재한다."로, 니체에게 오면, "권력(생명)의지를 갖는다. 고로 나는 존재한다."로 바뀐다.

하지만 이 모두가 틀렸다. 내 '존재'의 자리는 여여부동如如不動하고, 이 '존재'의 자리에서 한 생각이, 인식이, 의지와 욕망이 나오는 것이다.

한편, 이 '본성'자리가 어디 멀리 있는 것도 아니다. 지금 바로 여기, 우리의 눈앞에서 펼쳐지고 있다. 울고 웃고 기뻐하고 슬퍼하고, 우리의 인생, 세상만사가 지금 바로 여기, 우리 눈앞에서 펼쳐졌다가 사라지는 것이다.

그래서 지금 우리는 바로 이 '본성'의 자리를 밝혀야 한다. 홀연히 어디로 사라지는 아지랑이 같은 분별分別과 망상妄想들 말고, 온갖 생각이 탄생하는 바로 이 '본체'의 자리, '본성'의 세계를 밝혀야 한다. 이 '바탕'자리는 실로 우리의 모든 생각이 발생하는 창조적 에너지 장場, field이기 때문이다.

'본성'의 바다를 밝히고 하나가 되는 것을 '계합契合'이라고 하고, 점점 공부가 깊어지는 것을 '밝아진다'고 한다. 그렇게 되면, 바다와 거품이 본래 하나였고, 본질과 현상이 본래 하나였고, 주체와 객체가 본래 이 한 '본성'자리에서 나온 것임을 깨닫게 될 것이다.

오늘 나는 이 '본성'을 밝히기 위해, '본성'의 바다에 '계합'하기 위해 어떤 공부, 어떤 노력을 하고 있는가?

존재중심의 삶

삶에서 정말 중요한 것은 당신이 갖고 있는 소유물이 아니라 당신 자신이 누구인가 하는 것이다. 나는 그 사람이 어떤 사람이냐, 어떤 행위를 하느냐가 인생의 본질을 이루는 요소라고 생각한다. 단지 생활하고 소유하는 것은 걸림돌이 될 수도 짐일 수도 있다. 우리가 가지고 있는 것이 아니라 그것으로 우리가 어떤 일을 하느냐가 인생의 진정한 가치를 결정짓는 것이다(스콧 니어링, 《자서전》).

피에르쌍소2014는 느리게 산다는 것의 의미를 제시했다. 느리게 산다는 것은 정말 '느리게' 혹은 '느긋하게' 산다는 의미보다는 '존재중심의 삶'을 의미한다. 그래야만 강력한 정신적 요소, 자신의 한계를 극복하겠다는 흥분감, 기쁨, 열정, 몰입 등이 뒤따른다.

존재중심의 삶을 산다고 하는 의미는 소유와 집착을 버리고 나는 존재중심으로 만족한다고 해서 될 문제가 아니고, 엄청난 내공을 필요로 한다. 진정한 '내공'과 '밀도'있는 삶 속에서 비로소 '존재'와 '관조'가 모습을 드러내게 된다. 그때 비로소 우리는 '느림의 미학'이라는 말도 이해할 수 있게 될 것이다.

에머슨이 강조하듯이, "세상의 중심에 너 홀로 서라. 우리는 시인과 철학자들이 제시하는 삶의 지침을 따르기 전에 우리 자신의 마음에 번개처럼 스치는 섬광을 발견하고 관찰하는 법을 먼저 배워야 한다. 그러나 우리는 얼마나 자주 그 섬광처럼 다가오는 직관을 미쳐 주목해보지도 않고 습관처럼 지워버렸던가!"(랄프 왈도 에머슨, ≪세상의 중심에 너 홀로 서라≫).

지성의 매력에 빠져보라. 지성은 자신의 깊은 내면에 있는 샘물과 같다. 혼자 있는 시간에 어떻게 정신적인 풍요로움을 배양하느냐에 따라 매력의 차이가 생긴다. 누구나 지적이고 매력 있는 사람을 좋아한다. 남녀를 막론하고 지적이고 교양 있는 사람에게서 내면의 풍요로움이 느껴지면, 그 사람에 대해 더 알고 싶어진다. 혼자 있는 시간이야말로 타인이 쉽게 넘볼 수 없는 고고함을 만들어준다.[68]

진정한 자유란 적극적인 움직임 속에서 얻어진다. 시간과 재능을 허비하지 않고 나만의 개성을 한껏 발휘하면서 복잡다단한 이 세상과 정면으로 부딪치면서 살아가려는 충만한 의지가 있다면 자유와 내적인 행복감을 얻을 수 있을 것이다.

철학으로 묻고 삶으로 답하다

프랑스의 대표적인 지성 뤽 페리는 ≪철학으로 묻고 삶으로 답하다≫에서 "어떻게 하면 더 좋은 삶을 살 수 있을까?"하는 물음에 답하고 있다.

뤽 페리는 철학이 추구하는 지혜란 구원의 문제, 즉 죽음에 대한 두려움을 극복하고 자유롭고 행복하게 사는 법을 배우는 것이라고 말한다. 그는 그 방법 중의 하나로, 현상학의 대가 후설Edmund Husserl의 표현을 빌려와 "내재성 속의 초월성"을 제시했다.

"형이상학의 환상을 모두 걷어낸 휴머니즘의 구현", "최초의 원인이나 지고한 존재, 최종적 실체라 여겨질 만한 그 무엇", "스스로 창조한 세계 너머에 실재하는 절대적 존재, 창조 과정 전체를 뛰어넘어 그 밖에 현존해 온 그 무엇"[69]은, 이제 인류에게 하나의 구체적 사실,

현실 깊숙이 각인된 하나의 확증된 사실이 되었다.

"대양의 초월적 아름다움이나 인권의 정당성", 대자연의 "어떤 풍광이나 음악의 아름다움"[70], "말문을 막히게 만드는 예술과 조각의 아름다움", "인간의 삶에서 존재하는 본질적 가치들, 진선미眞善美", "그러한 진정한 가치의 초월성", "결코 훼손할 수 없는 것, 빛나는 것, 강력한 것에 대한 의식."[71]

"어디까지나 '내 안에서', 흔히 '하트'라 일컫는 내 가슴 속에서내 생각이나 내 감각 속에서 가치의 초월성이 드러난다. 분명 '내 안에' 있는 가치들인데내재성, 내 주관성에도 불구하고 마치 바깥 어딘가에서 유입되는 것처럼 강렬한 느낌초월성"으로 다가온다.[72]

그리고 이러한 초월성은 니체가 말한 새로운 '우상'도, 형이상학자나 광신자의 공상이 만들어낸 '개념'도, 유발 하라리가 말하는 인간이 창조해낸 '허구'도 아니다. 인간의 삶 속에서 "현실 깊숙이 각인된 인간 실존의 부정할 수 없는 차원"[73]이다.

하지만 여기서 중요한 포인트 한 가지는 이 모든 중요한 의미를 지닌 초월성과 내재성도 개념 그 자체, 즉 내 안에서 '나의 것'으로 체화體化되지 않으면 소용없다는 점이다.

이를 위해 '존재중심의 삶', '각성된 삶', '깨어있는 삶'이 필요한데, 그 중 가장 빠른 법은 의상과 지눌이 얘기한, 내 안의 '진정한 본성眞性' '공적영지空寂靈知'를 바로 깨닫는 것이다. 지금 이 순간 "이게 뭐지?"라고 하는 진지한 의문 속에서 나의 참다운 '실존'을 깨치는 것이다. '내재성 속의 초월성'을 깨닫는 것이다.

다른 한 가지 방법은, 니체의 용어로 아모르 파티amor fati, 운명애運命愛라고 할까, 운명을 받아들이고 사랑하는 것이다.

내 삶의 현장에서 자기 형편껏 '사랑'을 실천하며, 자기의 삶을, 자기만의 생生을 한땀 한땀 수놓아 가는 것이다. "삶이란 전체의 맥락 속에서 다양한 소질과 성과, 성취와 상실, 기쁨과 고난 등이 서로를 규정하며 얽혀 있는 것"74)이다. 자기만의 색상과 무늬와 질감 속에서. 자기의 삶은 그 누구도 대신해줄 수 없는 이 세상에서 가장 소중하고 존귀한 '실존實存'이기에.

하지만, 이 경우에도 우리는 스스로에게 물어야 한다.

"나는 왜 이 일을 하려고 하는가, 왜 지금 이 사람과 마주하고 있는가, 왜 이렇게 행동하고 있는가, 이 일을 한다면 어떤 일이 내게 일어날 것인가, 그로 인해 내가 더 나은 사람이 될 수 있는가, 나의 삶은 더 영혼 지향적인 것이 될 수 있을 것인가?"75)

"내가 아름다운 향기로 진동하는 붉은 장미 한송이를 보고 있다. 내가 장미를 볼 때, 그 근원으로부터 스스로를 표현하기 위해 무한성 초월성이 한번 펄럭였다. 무한하고 조용한 에너지 장이 한순간 펄럭여, 다른 곳이 아닌 바로 그 자리에서 객체장미와 주체관찰자인 당신를 경험하고 있다. 당신과 장미는 그 순간의 서로 반대 극極에 있었으며, 분리란 사실상 존재하지 않았다. 유일하고 창조적인 한 움직임이 일어나 그 둘을 융합시켰다."76)

마지막 한마디.

"그대는 지금 그것이 생생한가요? 살아있나요?"

실존적 인간, 하이데거

하이데거Martin Heidegger는 독일의 대표적인 실존주의 철학자이다. 그를 일약 유럽의 대표적 지성 반열에 올려놓은 ≪존재와 시간≫ (Sein und Zeit, 1927)은 실존적 인간으로서의 고민과 철학을 담고 있다. 그의 출세작 ≪존재와 시간≫은 책 제목부터 의미심장하다. 존재는 시간의 한정된 제약 속에서 더욱 의미가 부각된다는 것이다. 그는 해발 1,200미터 고지의 아름다운 풍광風光, 토트나우베르크 통나무집에서 그의 철학과 사상을 가다듬었다. 대자연의 만년설로 뒤덮인 원시적 자연의 압도적 위대함 속에서 유효시간의 한계를 지닌 인간의 실존에 대해서 고찰한 것이다. 즉 그는 시간에 한정 지워진 인간 실존존재의 아픔과 해결책에 대해서 명확하게 개념화했다.

하이데거는 인간이 자신의 존재를 올바르게 인식함으로써 각자가 자신의 세계를 만들어가야 한다고 했다. 인간의 시간은 유한하기 때문에 대중 속에서 자기를 잃어버리지 말고 진정한 자신의 삶을 찾아 만들어가야 한다는 것이다.

하이데거와 함께 숨 가쁘게 살아가던 내 삶 속에서 존재의 가치와 삶의 의미를 찾아보는 것은 어떨까?

그는 인간이 대면하는 세계는 존재자, 눈앞의 존재자, 도구적 존재자로 구성된다고 보았다. 하이데거는 존재자와 존재의 개념을 구분했는데, 존재자와 존재자가 느끼는 존재라는 개념은 다르다고 보았다. 그는 두 가지 개념에 주목했는데, 하나는 '눈앞의 존재Vorhandensein' 이고, 다른 하나는 '도구적 존재Zuhandensein'이다. 도구적 존재란 책상 위의 볼펜, 거리의 자동차들과 같이 인간 현존재의 활동을 매개하는 존재들을 의미한다. 눈앞의 존재란, 우리 앞에 존재하는 수많은 사물들의 존재 방식을 일컫는데, 가령, 거리의 나무들, 하늘 위의 구름들은 모두 낱개의 사물들로 존재한다. 이러한 눈앞의 존재는 나와는 별 상관없는 이 세계에 주어져 있는 것이지만, 그 주어져 있음 외에 어떤 것도 우리에게 더 전달하지 않는다. 세계는 우리와 대립해 있는 객관이 아니다. 세계는 인간이 인식하고 있는 것으로서 존재한다. 아무리 거리상으로 가까이 있어도 지나쳐 보게 되는 것들은 우리에게 존재하지 않는다. 그것들은 그저 '의식에 던져진 것들'이다.

하이데거는 인간이 존재로서 지닌 의미와 가치에 대해 평생 천착했다. 인간은 시간의 한계성 속에서 불안을 느끼며 때론 용기도 지니게 되지만, 자신의 존재를 올바로 인식함으로써 보편적인 목적이 아닌 자신만의 인생 목적을 설정해야 한다고 보았다. 한편, 자신을 둘러싼 존재자들을 확인하는 가운데 자신을 둘러싼 존재자들과의 관계를 통해서 자신만의 세계를 만들어가야 한다고 주장했다.

인간만이 실존한다. 사물들은 존재하지만 실존하는 것은 아니다. 인간은 나무나 바위 혹은 동물 등 다른 존재자들과는 달리 자신의 실존에 대해 인식하며, 마침내 다가올 수밖에 없는 유효시간의 한계 속에서 자신의 삶을 지향해야 한다는 것이다.

하이데거는 플라톤, 아리스토텔레스, 후설 등 기존의 철학자들이 보여주었던 존재자 중심의 연구보다는 존재 자체에 초점을 맞춤으로써 존재론을 한 단계 발전시킨 학자이다. 특히 단순히 "의식에 던져진 것"들보다는 나와 관련된 도구적 존재자 혹은 나와 관련된 타자에 대한 적극적 해석과 의미 부여를 통해 자신만의 실존세계를 구축해야 한다고 주장한 점은 진일보한 관점이다.

하지만 하이데거의 존재론 역시 타인, 눈앞의 존재자, 도구적 존재자 등 내 눈앞에 펼쳐지는 낱낱이 사물들과 존재자들 중심으로 구성된 '세계Welt'에 주목한 것으로 보인다.

앞에서 살펴본 개념인 뤽 페리의 "초월성과 내재성"을 인식하며, 인간이 직면하는 실존을 초월적, 근원적, 절대적 실재와 연결시켜보면 어떨까?

또 이렇게 물어보자.

눈앞에 텅 비어 있고 깨어있는 의식, 우주의 생명 본체를 대면하는 그대는 지금 그것이 "생생한가?", "살아있는가?"

전체주의의 기원, 한나 아렌트

한나 아렌트Hannah Arendt는 하이데거의 제자이자 평생 학문적 동지였다. 그녀는 하이데거의 철학과 또 다른 관점에서 정치사상사적인 큰 업적을 남겼는데, 그 대표작이 ≪전체주의의 기원The Origins of Totalitarianism≫이다. 이 책은 20세기 인류 역사의 어두운 부분인 파시즘과 나치즘 같은 전체주의가 어떤 경로로 태동했는지를 새로운 관점에서 분석한 책이다. 독일 태생 유대인인 저자는 1933년 나치 정권의 박해가 극에 달하자 프랑스를 거쳐 미국으로 망명한 뒤 줄곧 전체주의를 연구한 정치학자이다.

한나 아렌트는 이 책에서 "전체주의라는 괴물 정치체제는 권력욕에 사로잡힌 한두 명의 독재자가 아니라 생각 없는 대중의 필요에 의해 태동되고 만들어진다."는 관점을 제시했다. 조직되지 않고 구조화되지 않은 대중과 절망적이고 증오로 가득 찬 대중이 새로운 지도자의 구원을 기대했고, 이러한 대중들의 바람이 시대적·사회적 상황과 맞물리면서 전체주의가 나타났다는 설명이다.[77]

"전체주의는 무한히 많고 다양한 인간을 마치 하나의 개인인 것처럼 조직한다. 인간의 세계를 구성하는 다원성은 사라지고 획일성만 존재한다. 대중이 똑같은 의견을 같은 목소리로 말하고 동일하게 행동할 때 그들은 전체주의의 폭민mob이 된다."[78]

아렌트가 말하는 '폭민'은 "인간 본래의 개성을 상실한, 마치 복제인간과도 같이 정형화된 인간 유형"[79]이다. 이는 콘하우져William Kornhauser가 ≪대중사회의 정치The Politics of Mass Society≫에서 말한 현대 대중소비사회의 "불안한 대중", 에리히 프롬Erich Fromm이 ≪자유로부터의 도피The Escape from the Freedom≫에서 말한 "무기력한 개인", 데이비드 리즈만David Riesman이 ≪고독한 군중The Lonely Crowd≫에서 말한 "타자지향형 인간"이다.

"문제는 우리 시대의 선과 악은 너무나 기묘하게 얽혀 있다는 것이다. 전체주의 운동의 허구세계가 없었다면 무슨 일이 일어나고 있는지 전혀 알지 못한 채 우리는 파멸을 향해 질주했을 것이다."[80]

아렌트는 '악의 평범성banality of evil'이라는 개념으로도 유명하다. 인간의 탈을 쓰고 어찌 그런 학살을 저지를 수 있었을까? 이런 의문과 관련해 자주 등장하는 인물이 바로 아돌프 아이히만Adolf Eichmann, 1906~1962이다. 그는 독일 나치 친위대 중령으로 제2차 세계대전 중 유대인을 학살한 혐의를 받는 전범이었다. 그는 1961년 4월 11일부터 예루살렘 법정에서 재판을 받았으며, 그 해 12월 사형판결을 받고 교수형에 처해졌다. 한나 아렌트는 "뉴요커"라는 잡지의 특파원 자격으로 이 재판 과정을 취재한 후 책을 출판했는데, 그녀는 여기에서 '악의 평범성banality of evil'이라는 개념을 제시했다. 아이히만이 유대인 말살이라는 반인륜적 범죄를 저지른 것은 그의 타고난 악마적 성격 때문이 아니라 아무런 생각 없이 자신의 직무를 수행하는 '사고력 결여' 때문이라고 주장한 것이다. "어떤 것이 옳고 그른지 생각하지 못하는 혹은 생각해 보지도 않고 사는 무능함 혹은 무책임함이 유대인 학살을 이끈 악의 원천"이라는 것이다. "악은 특별한 것이나 심오한 것이 아니라 오히려 너무 평범해서 더욱 위험해질 수 있다고 아렌트는 경고"[81]한 것이다.

아이히만과 관련하여 에리히 프롬Erich Fromm, 1900~1980은 '관료주의 인간'의 문제를 제기했다.[82] 그는 "아이히만은 관료의 극단적인 본보기였다. 아이히만은 수십만의 유대인들을 미워했기 때문에 그들을 죽였던 것이 아니다. 그는 누구를 미워하지도 사랑하지도 않았다. 아이히만은 '자신의 임무를 수행한 것이다.' 그에게 가장 중요한 것은 규칙을 준수하는 것이었다." 아이히만의 죄는 '생각하지 않은 죄'였다.[83] 아이히만은 자신에게 주어진 책임, 즉 기술적인 일만 성실히 수행했다. 이것은 곧 아이히만이 살아가는 방식이기도 했다.

"인간다운 방식으로 정치적, 사회적 또는 경제적 고통을 완화하는 일이 불가능해 보일 때 전체주의는 강한 유혹의 형태로 다시 나타날 것이다." 아렌트는 책에서 "전체주의는 과거의 역사가 아니라 앞으로도 언제든 다시 나타날 수 있다고 줄곧 강조"[84]했다.

현대 대중소비사회의 무기력함에 속아서 자신의 주체의식을 갖추지 못한 폭민의 등장과 지금도 아무런 비판의식 없이 관료제적 효율성만을 추구할지도 모르는 수많은 도구적 합리성 속에서 현대정책학은 어떻게 인간의 존엄성을 지켜나가고, 또 이런 기본적인 존엄의 형태가 유지되는 삶과 사회를 만들어 나갈 것인가?

또 지금혹은 앞으로 다가오는 4차 산업혁명의 비인간적 물결은 우리에게 어떤 모습으로 다가올 것이며, 우린 또 여기에 어떻게 대처해 나가야 할 것인가?

Part 03

정책학과 인문학의
공통분모

정/책/학의
향연
A Feast
of
Policy Studies

PART
III

정책학과 인문학의 공통분모

❶ 정책학과 인문학의 연결고리

앞 장에서는 괴테의 존재론적 '향상심'을 우리 인생과 자아에 맞춰서 살펴보았다. '향상심'이 적용된 개인적 삶의 모습을 긍정적 삶, 창조적 삶, 변혁적 삶, 목적중심의 삶, 영적인 삶, 깨어있는 삶, 각성한 삶, 존재중심의 삶 등 다양한 형태로 논의해 보았다.

한편, 하이데거의 실존적 인간의 삶과 방향성에 대해서 살펴보았으며, 한나 아렌트가 제시한, 우리의 일상적 삶 속에서 또 다른 '전체주의'의 위험과 '악의 평범성'에 대한 경고도 고찰해 보았다.

이러한 개인적 차원의 인문학적 논의는 정부적 차원의 정책적 논의와 연결되어 있다. 즉, 정책학의 인식론적 토대는 존재론적 '향상심'을 국가와 정부의 수준에 적용한 것으로 볼 수 있는 것이다.

이 장에서는 정책학의 인식론적 토대를 윤리적 기초, 행태적 기초, 철학적 기초로 정리하면서, 바람직한 정책이란 무엇인가, 창조적 탐색과 가치 비판적 발전관, 정책학의 지혜 등을 논의함으로써 정책학이 지니는 본질적 토대가 긍정성, 창조성, 변혁성, 목적성, 미래성 등에 초점 맞춰져 있음을 살펴보고자 한다. 또한, 이를 통해 정책학과 인문학의 학문적 토대가 공통분모의 연결고리로 맺어져 있음을 살펴보고자 한다.

❷ 인문학의 인식론적 토대: 인간, 공동체, 세상

철학과 인문학은 본시 "삶의 의미와 방향을 제시하고 그것을 위한 길道을 보여주던"[85] 학문이었다. 인간이 걸어야할 길을 제시하고, 자연과 함께 공존하는 지혜를 제시하던 학문인 것이다. 자연 속에서 인간 내면의 함양과 인간의 질서, 인간과 천지의 질서를 규정했다.

특히 인문학은 '삶의 기술'로서의 인간의 지혜에 대한 기록이었다. 천지天地의 이치로서의 도道와 그것을 온전히 물려받은 인간人間으로서 마땅히 걸어야할 길에 대한 탐구였던 것이다.[86]

"하늘의 움직임은 소리도 냄새도 없다. 그 몸체를 역易이라 하고, 그 이치를 도道라 하며, 그 작용을 신神이라 한다."[87] 인간은 하늘의 성품을 가장 빼어나게 온전히 타고났기에 하늘의 성품이 인간에게 부여된 것을 본성이라고 한다. 즉 "인간은 탄생과 더불어 하늘의 뜻, 우주의 의미, 생명의 의미를 부여"받은 것이다. 이것은 "우주의 의미인 이理와 자신의 본성性이 하나"라는 뜻이다性卽理.[88]

하늘을 닮은 인간의 본성을 올곧게 사유하면서, 인간이 중심이 되는 인본주의 사회를 만들기 위한 국정의 청사진과 정책을 고민해야 한다. 그것이 곧 철학, 인문학, 정책학을 하나로 꿰는 일관된 길일 것이다.

하지만 "근대 이후 급속하게 발전하는 과학과 기술의 영향으로 인해, 이전에 역사와 역사를 통해 이어지던, 인간이 우주 속에서 살아가던 지혜의 도리, 즉 전통적 지혜는 무시되고 소외"[89]되고 말았다.

전체 우주의 질서 속에서 인간이 살아가는 삶의 완성으로서의 원리와 의미는 어느새 잊혀지고, 삶을 살아가는 생존과 투쟁의 기술만이 전면에 부각되고 말았던 것이다.

"철학과 인문학의 위기, 아니 정책학의 위기는, 인간이 천지 대자연의 우주질서 속에서 그 본래의 지향인 지혜의 과학science of wisdom을 복원"[90]시키는 데서부터 출발해야 한다.

정책학이 정초하는 휴머니즘 사상을 그 근원으로부터 다시금 밝히고, 인간의 존엄성이 지향하는 의미와 정향을 현실세계 속에서 다시 새기고 해석해야 한다.

왜 그것이 잘 지켜지지 않는지, 다가오는 4차 산업혁명의 비인간화·몰인격화의 물결 속에서 그것은 어떻게 해석되고 재정립되어야 하는지에 대한 진지한 논의가 시작되어야 한다.

인간은 원래 대자연의 아들이었다. 원형이정元亨利貞의 사덕四德을 지닌 천지를 빼닮아, 인의예지를 그대로 품수한 존재가 인간이다. 내면의 덕德과 인성人性을 갖추어, 인간이 인간답게 살아나가는 길과 도리를 밝히는 작업이 시작되어야 한다.

인간, 공동체, 세상을 하나로 엮어내는 철학과 정책학이 필요하다. 아무리 첨단기술이 난무하는 세상이 된다고 해도, 하늘을 닮은 영적인 존재로서의 사피엔스는 사피엔스 대로 걸어가야 할 길道이 있는 것이다. 인간은 차원계次元界에서 현상계現象界인 이 세상에, 인간으로 태어난 사명과 이유가 있다. 인간은 자신의 자아를 함양涵養하고, 이웃과 사회에 도움을 주는, 빛나는 존재로 거듭나기 위해 이 땅에 태어났다. "개인의 진정성 실현은 내면적 자아와 사회적 공동체의 지평과의 융합"[91] 속에서 빛나는 존재가 되는 것이다.

또한 "위기지학爲己之學과 극기복례克己復禮 속에서 자기를 위한 배움은, 내면적 자아의 성찰에 그칠 게 아니라 개인과 우주의 자연적 질서와의 연관성과 함께 그것의 지상적 구현인 정치 공동체와의 연관성에 대한 자각"[92]을 통해서 위인지학爲人之學으로 나아가야 하는 것이다. 이러한 뜻과 의미를 깊이 새기고, 지금부터라도 인간, 공동체, 세상을 엮어내는, 철학과 인문 그리고 정책학이 하나로 이어지는 그 원리와 방향에 대한 탐구가 절실하다.

❸ 정책학의 인식론적 토대: 윤리, 행태, 철학

정책학의 목표는 인간의 존엄성 실현에 있다. 이에 "윤리와 가치문제를 정책 연구에서 적극적으로 다루어야 한다."고 주장한다. 또한 정책학의 목적구조를 종합적 – 유기체적 관점에서 하나의 전체로서 파악하고, 하위 목적들은 상위 단계와 유기적으로 결합하여 궁극적으로 인간의 존엄성 실현을 위해 나아가야 한다고 주장한다.

정책학의 인식론적 토대는 윤리적 기초, 행태적 기초, 철학적 기초의 셋으로 이루어져 있다.

첫째, 윤리적 기초는 정책학의 목적구조로서 인간의 존엄성을 실현시키는 것이다. 먼저 윤리적 기초는 자명하다. 앞에서도 자주 언급된 바와 같이 정책학 최고의 목적은 인간의 존엄성 실현에 있다.

둘째, 행태적 기초는 주관적 극대화의 원리와 실천적 이성을 들 수 있다. 이는 정책학의 행태적 기초로서, 1) 긍정적이고 적극적 인간관, 2) 주관적 관점과 목적의지에 따른 행동선택, 3) 정책환경과 참여자 간의 상호작용이라는 세 가지 항목을 내용으로 한다. 즉 정책학이 전제하는 인간관은 긍정적이고 적극적 인간관을 가정하고 있으며, 목적의지에 따른 능동적 선택goal – oriented, purposive & intentional choice을 강조하고 있다. 또한, 실천적 이성은 제3의 이성을 강조하고 있다. 정치적 자유에 대한 이성인 제1의 이성과 경제적 자유에 대한 이성인 제2의 이성을 넘어서 인간은 제3의 이성으로서 종합적 이성을 갖고 있다. 인간은 자유와 물질경제 이상의 존재이다. 이때 실천적 이성은 "민주사회 시민이라면 누구나 가지고 있는 공동체의 공공선과 보다 창조적 미래를 추구하는 인간 내면의 의지"를 말한다(Charles Anderson, 1993: 215~227). 따라서 정책철학은 인간 존엄성의 정신을 담고 있으며, 미래의 창조적 이상을 추구해 나간다는 점에서 다분히 성찰적임을 알 수 있다.

셋째, 철학적 기초는 존 듀이의 실용주의 철학을 정책학에 도입한 것이다. 실용주의 철학이란 진리를 삶에 대한 실용적 혹은 합목적적 탐구라는 관점에서 접근한다. 이때 탐구는 인간이라는 유기체가 환경에 적응하는 과정을 의미하며, 실용주의에서 지식은 인간사회의 실용적 개선을 위한 과학적 도구인 것이다.

따라서 정책학은 인간사회의 도덕적 선택에 관심을 가지고 있으며, 인간사회의 근본적 문제해결을 통해 인간의 삶의 조건을 개선함으로써 인간의 존엄성 실현에 도움을 주는 것을 목적으로 한다. 이에 정책학은 1) 인간의 존엄성human dignity 구현이라는 목적과 2) 근본적 문제fundamental problem의 해결을 통한 3) 정책지향성의 완성policy orientation을 위해 4) 정책과정과 정책내용'of' & 'in' policy process의 지식을 추구하며, 이를 위해 5) 문제지향성, 맥락지향성, 연합학문성이라는 정책학 패러다임의 목적구조를 갖는 것이다.

❹ 바람직한 정책이란 무엇인가

이런 관점에서, 바람직한 정책은 적어도 다음과 같은 조건을 충족시켜야 한다.

첫째, 인간의 육체적 존엄성에 주목하여, 인간의 생명을 존중하는 방향으로 목표와 수단이 결정된 정책이어야 한다.

둘째, 인간은 이성적 존재로서 높은 정신능력을 갖춘 인격적 존재이므로, 비인격적인 동식물과는 다르다는 점을 자각self-awareness하고 인격적 존재인 인간을 위한 정책이어야 한다.

셋째, 정책은 인간을 수단이나 도구와 같은 객체적 존재가 아니라, 목적과 주체로서 대우하는 정책이어야 한다.

넷째, 인간의 존엄성은 각종 인간의 기본적 권리가 보장받을 수 있을 때 비로소 확보되는 바, 이러한 기본적인 권리가 보장될 수 있는 절차적 민주주의와 투명성이 반영된 정책이어야 한다 (허범, 1982, 1992).

❺ 창조적 탐색과 가치 비판적 발전관

정책학은 미래를 중시하고 미래의 창조적 대안탐색을 강조한다. 정책학의 핵심은 '탐색'이고, '탐색'은 '창조적 탐색'이 되어야 하며, 이는 가치 비판적 발전관을 전제로 하는 것이다.

가치 비판적 발전관을 갖추기 위해서는 다음과 같은 창조적 사고가 필요하다.

첫째, 세상의 모든 것은 그것이 무엇인가와 상관없이 과거, 현재의 것보다 더 바람직한 것이 있을 수 있다는 낙관적 관점이다.

둘째, 과거와 현재의 것보다 더 바람직한 것은 인간의 이성을 통하여 찾아낼 수 있고, 하나의 이상적인 모형으로 설계할 수 있다는 이성에 대한 믿음이다.

셋째, 설계된 이상모형에 입각하여 과거 상황과 현재 상황을 비교 평가함으로써 기존의 것의 모순과 결함을 발견할 수 있다는 비판적 진단 자세이다.

넷째, 과거, 현재의 것이 이상모형으로 향상 또는 발전하는 것을
방해하는 장애요소를 제거하는 실천 방안을 강구하는 창조
적 처방 능력 등이 전제되어야 한다(허범, 1995).

새로운
휴머니즘의 도래

정/책/학의
향연
A Feast
of
Policy Studies

새로운 휴머니즘의 도래

❶ 사람은 왜 빛나는 삶을 살고 싶을까?

사람은 빛나는 삶을 살고 싶어 한다. 누구에게 물어보아도 빛나는 삶을 살고 싶지 않은 사람은 없을 것이다. 누구나 자신의 경쟁력을 갖추고, 지식을 흡수해서 영혼의 진화발전을 도모하고 싶고, 더 나아가 남을 도와서 보람을 느끼는 삶을 살고 싶은 것이다.

빛나는 삶을 살아가는 것. 그것은 사람이 태어난 이유이기도 하다. 나도, 당신도 빛나는 삶을 살기 위해서 살아간다.

빛나는 삶이란 무엇일까? 또 어떻게 하면 삶이 빛나게 될까?

빛나는 삶이란 자기 자신을 갖추고 자신의 영혼의 밀도density가 높아져서, 그 결과로 자연스럽게 남을 돕고 사회를 돕고 국가를 돕고 인류에 이바지하는 삶, 그리하여 그 스스로 빛나는 존재가 되는 삶을 말한다.

그것은 돈이 많고 지위가 높아지거나 혹은 지식이 많아진다고 되는 것은 아니다. 물론, 남을 도울 수 있는 조건이 더 충족되는 건 사실이다. 즉 필요조건이 되는 것이다.

진정으로 자신을 갖추고 남을 돕는 마음가짐과 자세를 갖출 때 빛날 수 있게 되는 것이다. 또 한 가지, 깨달음을 얻어 자신의 영혼 안에서 지식과 경험이 양적으로 쌓이고 쌓여, 그들 간의 융합과 충돌이 일어나고, 또 서로 간에 압력이 발생하여 폭발함으로써 그 스스로 물리physical process가 발생할 때 스스로 빛날 수 있게 되는 것이다.

저 밤하늘의 별을 보라. 그들도 처음에는 먼지, 가스, 성운과 같은 물질들을 당기고 끌어모아 양적으로 성장하는 과정을 거쳤다. 하지만 양적으로 질량이 커진 행성이 되었다고 스스로 빛나진 않는다. 질량과 질량이 모이면서 서로 다른 압력이 모여 충돌하고 융합하는 과정에서 밀도가 높게 뭉쳐졌을 때 폭발하고 터져버려서 새로운 질료의 물질로 형질의 변화가 일어남으로써 빛나게 되는 것이다. 즉 양적 성장이 임계치를 지나면서 압壓이 발생하고, 충돌과 융합이 발생하면서 질적 변화로 발전하고, 빛을 발하는 항성恒星이 되는 것이다.

❷ 우리가 사는 시대는 어떤 시대일까?

우리가 사는 시대는 과연 어떤 시대일까? 많은 석학들은 선천과 후천으로 나누어서 21세기 정신 문명의 시대를 예측하고 있다. 선천은 인간의 진화발전 속에서 영혼의 지식을 키워서 양적으로 성장하던 시기였다면, 후천은 양적으로 성장된 지식을 공유하고 융합하여 빛나는 시대를 열어야 한다고 주장한다. 지식이 양적으로 확대되는 것이 더 이상 큰 의미를 지니지 못하면 질적인 변화가 동반되어야 한다는 것이다. 즉 우리가 사는 시대는 빛나야만 하는 시기인 것이다. 빛나지 않으면 답답하고 갑갑하기 그지없는 시기인 것이다. 빛나고 존경받기 위해서는 '타인에게 이로운 삶'을 살아야 한다. 그것이 열쇠이다. '타인에게 도움이 되는 삶, 사회를 이롭게 하는 삶'만이 빛나고 존경받는 시대이다. 그렇지 못하면 자신의 재물과 지식에 갇혀 답답하고 갑갑

한 삶을 살 수밖에 없다. 어쩌면 그보다 못해 나락으로 떨어지고 불명예스러운 삶을 살지도 모른다. 타인에게 비난을 받고 그것만이 교훈으로 남는 삶이 될지도 모르는 것이다.

한편 세기말적 암울한 상황도 함께 펼쳐지고 있다. 과학기술적으로 4차 산업혁명이 진행되면서 로봇과 인공지능, 드론과 바이오, 빅데이터와 나노혁명 등이 함께 압축적으로 그리고 지수함수적으로 급팽창하면서 인간의 수명연장과 영생의 추구 등 포스트－휴먼post－human에 대한 담론이 한창 진행 중이다.

국제 정세로는 예루살렘을 둘러싼 기독교 문명과 이슬람 문명의 충돌 속에서 유럽과 아랍권을 중심으로 전쟁의 위험과 긴장이 고조되고 있으며, 원자폭탄, 수소폭탄 등의 핵 실험 속에서 그 어느 때보다도 지정학적인 전쟁 위험도 고조되고 있다. 한편, 세계경제는 바야흐로 장기 저성장 뉴노멀new－normal 국면에 접어들었으며, 인구절벽과 함께 양극화 문제는 점점 더 심각해지고 있다.

❸ 새로운 휴머니즘

휴머니즘은 중세의 신본주의에 대칭되는 개념이다. 인본주의anthropocentrism는 인간이 세계 및 일체 상황의 중심이며 궁극의 목적이라고 보는 세계관이다. 이는 독일에서 말하는 인간중심적 세계관anthropozentrische weltanschauung으로, 존재자 가운데서 인간에게 가장 근본적이며 중요한 지위를 주고자 하는 입장을 말한다.

주지하는 바와 같이, 중세 암흑 시대에는 모든 정치와 법률, 생각과 가치의 기준이 신神과 교권敎權을 중심으로 이루어졌다. 그러다보니 많은 모순과 불합리한 일들이 발생하게 되었다. 신이라는 명분 아래 인권이 짓밟히는 일들이 빈번하게 일어났고, 법法과 이성理性에 토대를 둔 사고는 철저히 무시당했다. 천국으로 가는 티켓ticket과 면죄부免罪符들이 공공연히 판매되었고, 교황이나 신부의 명령 앞에서는 법적 절차rule of law도 성립되지 않았다. 인간의 삶이나 양식에 도움이 되는 실험이나 과학정신도 성경과 교회정신에 위배된다는 한 마디면 극형極刑에 처해지는 경우도 비일비재했다. 상황이 이렇다보니 르네상스 이후 극적인 모순과 부조리한 신본주의에 반발하여 이와 대립되는 개념으로서의 인본주의가 등장하게 되었다.

하지만 앞에서도 살펴보았듯이, 이제는 인류도 진화발전의 단계를 거치면서 지식이 정리되는 단계에 이르렀다. 굳이 신과 대립하여 인본을 새롭게 세울 필요도 없어졌거니와 신과 인간이 대립되는 개념이 아닌 것을 이해하게 되었다. 인간도 육체를 벗고 나면 영혼神이기에 신과 인간은 대칭되는 개념이 아니다. 우리가 알고 있는 모든 하늘의 큰 신大神 혹은 神將들도 모두가 한때 인간으로 와서 살다가 간물론 그들은 이 세계에 와서 인류를 위해 고귀한, 큰 기여를 하신 분들이었으리라. 차원계의 등급은 현상계에서 어떻게, 어떤 일을 하다가 간 것인지가 중요한 판단 기준이기에 영혼신들인 것이다.

이러한 각각의 영혼신 이외에는 천지天地의 기운으로서 천신과 지신(혹은 합쳐서 천지신명)의 에너지가 있다. 이러한 천지 대자연의 기운 역시도 인간을 자녀처럼 품어 안고 있는 것이기에 결코 대립하는 기운이 아니다. 대립하기는커녕 언제나 포용해주는 것이다. 천지天地가 있고, 그 안에 인人이라는 운용체運用體가 있어서 천지는 운용되고 있는 것이다. 천지인天地人의 균형 잡힌 시각과 바른 이해 속에서 새로운 휴머니즘의 역사를 정립하고 새로운 인류 역사를 전개할 필요가 있다. 이것은 향후 4차 산업혁명이 본격화되고 장생사회가 도래할 때, 혹은 인간이 영생을 추구하는 호모 데우스homo deus 혹은 사이보그cyborg가 탄생될 때를 대비해서라도, 새로운 인류 즉 새로운 휴머니즘humanism에 대한 바른 정립이 꼭 필요하다고 하겠다.

❹ 휴머니즘과 인간의 존엄성

휴머니즘 사상 속에서 인간의 존엄성이란 개념이 탄생된다. 휴머니즘, 즉 인본주의人本主義에서 인간의 존엄성은 부각된다. 인본주의에서는 인간이 가장 근본적이며 주체적인 존재이므로 인간의 존엄성은 자연스러운 것이다. 하지만, 신본주의神本主義라 하더라도 인간은 동물이나 무생물 혹은 심지어는 차원계의 영혼신들과는 차별되는 자유의지를 지닌 인격의 존재이기 때문에 인간은 독립성과 주체성을 지닌 존엄한 존재다.

인간사회는 무기물의 사회가 아니다. 무기물은 물리적·화학적 변화 현상의 원리대로만 설명될 수 없다. 인간행동은 단순한 원인과 결과의 연속적 연계 위에 있는 하나의 행동이 아니라, 살아있는 인간의 지의 발로이다. 이러한 복합성과 창의성을 지닌 인간을 최고의 가치 기준으로 존중해야 한다는 개념이 인간의 존엄성이다.

인간 개개인이 성별, 나이, 인종, 종교 등에 관계없이 그 각자가 독특하고 최종적인ultimate 가치로서 존중받을 수 있는 사회, 인간이 우리 사회의 주인이 되고, 물질, 기계, 과학기술보다도 인간이 우선되는 사회, 더 나아가 사회의 제도와 시책 그리고 규범이 인간을 존중하는 사회가 되어야 한다는 것이 인간의 존엄성의 인식론적 기초이다.

❺ 지금 왜 인간의 존엄성인가?

4차 산업혁명이라는 거대한 파고를 앞둔 지금 우리가 다시 '인간의 존엄성'을 거론하는 이유는 어디에 있을까?

그것은 급변하는 사회변동과 더불어, 날로 발전하는 첨단기술의 문명 속에서 4차 산업혁명의 시대는 정신 문화와 물질 문명의 불균형뿐만 아니라 철학의 빈곤과 문명의 한계점에 봉착하고 있기 때문이다.

이것은 현대 문명의 갖가지 병폐 속에서 여실히 드러나고 있다. 또한 과학기술의 발달 속에 인간은 주체성과 독립성을 상실하고, 과학기술의 권위 앞에 '물질주의' 혹은 '과학만능주의'라고 불리는 또 다른 신으로부터 종속당하고 있기 때문이다.

우리가 여기서 새삼 '휴머니즘과 인간의 존엄성'을 강조하려 함은, 변동성, 불확실성, 복합성, 모호성으로 대변되는 4차 산업혁명이라는 '거대한 물결' 앞에서 인간의 독립성과 창조성을 회복하여 자유롭고 평등한 인간의 시대, 나와 우리, 행복과 가치, 오늘과 내일을 바라보는 인간사회를 지향하는 방향을 제시할 필요가 있기 때문이다.

❻ 인간의 주체성과 독립성

피터 비에리는 다음과 같이 말한다. "인간은 자신의 삶을 스스로 주도하고 싶어 한다. 무엇을 할 것인지, 타인에게 무엇을 하도록 허용할 것인지 본인이 직접 결정하고 싶어 한다. 그리고 권력이나 타인의 의지에 이끌려 가려 하지 않는다. 타인에 대한 의존 없이 스스로 서고 싶어 한다. 인간은 각자가 경험의 중심체이다. 내면의 시각과 내면의 세계를 지닌 육체적 존재라고 말할 수 있겠다. 자신의 과거 기억 그리고 앞으로의 삶에 대해 품은 희망과 기대의 청사진을 토대로 자신의 자아가 형성된다. 이러한 것들 모두가 합쳐져서 우리는 세상에 대해 품고 있는 전체적인 그림이 만들어지게 된다."[93]

"세상을 바라보는 생각과 믿음, 무엇이 옳고 그른지에 대한 판단, 어떤 것이 정당하거나 부당하다고 생각하는지 또는 합리적이거나 비합리적인지를 가르는 경계가 한 사람의 세계관이다. 보고 듣고 경험하는 모든 것의 중심이 되는 것, 그것은 인간이 '의식이 있는' '주체적인 존재'라는 뜻이다."[94] 바로 그렇게 할 때 한 인간은 주체적인 인간이 된다.

⑦ 사르트르, 되어 가는 자유존재로서의 인간[95]

장 폴 사르트르Jean Paul Sartre, 1905~1980는 "식물과 동물은 그들의 종속법칙만을 충족시킬 것을 필요로 할 뿐이다."라고 주장한다. 어떤 수공업제품은 특정한 계획에 의하여 만들어지며, 그 계획은 먼저 제조자의 정신 속에 들어 있다. 그러나 유일한 존재자로서의 인간에게는 오로지 '인간의 조건'만이 있을 뿐이다. 그러므로 인간은 인간을 발견한다. 인간에게는 아무런 계획도 밑바닥에 놓여 있지 않으며, 인간은 자기 자신을 스스로 계획한다. 인간은 자기 자신을 '내버려둘 만한 것dépssement' 속에 두지 않는다. 그래서 인간은 스스로 원하는 대로 되어 간다.

그러므로 사르트르는 "인간은 자유라고 판정을 받았다. 따라서 인간은 그가 자유를 모르고 자유를 원하지 않는 때에도 자유스럽게 있지 아니하면 안 된다는 필연성 아래에 서 있다."라고 말한다. 자유란 인간이 받아들일 수 있거나 거절할 수 있는 그러한 선물이 아니다. 자유는 마치 양극이 음극에 대하여 하는 것처럼 인간의 내적인 비고정성에 속한다. 또한 샤르트르는 "비겁한 자는 자기를 비겁하게 만들고, 영웅은 자기를 영웅으로 만든다. 비겁한 자에게는 항상 비겁하지 않을 수 있는 가능성이 존재하며, 영웅에게는 영웅이 되지 않을 수 있는 가능성이 항상 존재한다."라고 말한다.

우리도 이렇게 말할 수 있을 것 같다. "인간은 자유라고 판정을 받았다. 그런데 이 자유는 인간의 존엄을 정초定礎해 주지만, 동시에 책임이라는 부담을 짊어지게 한다."라고. 그러므로 늘 거듭해서 인간은 그에게 부과된 책임에서부터 벗어나려고 한다. 그래서 신의 의지에 좀 호소해 보거나, 외적인 사정에 책임을 돌리려고 한다. 그러나 이 외적인 사정들도 전부가 제약여건constraint으로서의 힘만을 가지고 있을 뿐이지 결정인자determinant로서의 힘을 가지고 있는 것은 아니다.

인간이 그의 운명으로부터 무엇을 만드는가, 인간이 그 운명을 어떻게 형성하는가, 또 인간이 운명을 형성할 수 없는 곳에서도 그 운명이 인간에게 무엇을 의미하는가 하는 문제는 오로지 전부 인간에게 그리고 인간내면의 정신적 의식작용에 달려 있다.

이는 정책학에서의 실천이성을 다시 한번 확인해 주고 있다. 실천이성이란 민주사회의 보편적 시민이라면 누구나 지니는 인간 내면의 이성을 말하는 것으로서 열린 사고와 토론 및 숙의를 강조하는 용어이다. 나를 넘어서는 공동체를 생각하는 공공선과 보다 창조적인 미래를 추구하는 인간 내면의 실천이성이 존재하기에 정책학은 실천이성과 인간의 존엄성을 그 인식적 사유 혹은 철학적 토대로서 강조하고 있다.

❽ 새로운 휴머니즘의 미래

새로운 인본주의의 시대가 열려야 한다. 과거의 인본주의는 신본주의에 대립된 인본주의였다.

현재는 지금까지의 인류 역사 진행 속에서 제공된 모든 지식을 흡수하고 진화발전한 새로운 인류가 등장해야 하는 시대이다. 새로운 인류가 일신一神이 되고 주신主神이 되어 세상을 주체적으로 운용하며 이끌어가야 하는 시대이다. 그러기 위해서는 새로운 인본 시대를 열어야 한다. 새로운 인본주의와 휴머니즘의 시대를 열어야 하는 것이다.

과거의 신본주의와 대립되는 이분법적 인본주의가 아닌, 천지인天地人의 조화로운 이해 속에서 인人이 주체主體작용의 중심이 되는 새로운 인본人本 중심의 휴머니즘을 열어야 하는 것이다.

■ 인본 중심의 휴머니즘

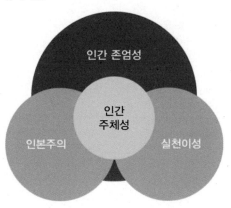

4차 산업혁명과
휴머니즘의 미래

정/책/학의
향연
A Feast
of
Policy Studies

4차 산업혁명과 휴머니즘의 미래

❶ 4차 산업혁명의 이념 : 인간의 존엄성과 휴머니즘

4차 산업혁명과 인간의 존엄성[96]

4차 산업혁명의 혁신적 기술은 산업 간, 국경 간, 심지어 현실과 가상의 세계까지 융합시킴으로써 삶의 범위를 무한히 확장시켰다. 그러나 엄청난 변화의 속도, 범위, 시스템적 충격으로 인하여 세계는 불확실성의 위기에 빠지고 있으며, 전례 없는 변화는 전 세계를 아노미 상태에 빠지게 할 것이라는 위기의식이 증가하고 있다.

4차 산업혁명의 특징은 VUCA, 즉 변동성Volatility, 불확실성Uncertainty, 복잡성Complexity, 모호성Ambiguity으로 대변된다. 노동시장의 붕괴, 일자리 감소, 소득격차 확대, 사회양극화 등 많은 측면에서 불확실성이 증가할 것으로 예측되고 있다. 쥐스탱 트뤼도Justin Pierre James Trudeau 캐나다 총리가 "기술만으론 우리 미래를 예측할 수 없다. 리더십이 우리 미래를 결정할 것이다. 진정한 리더는 급격하게 변화하는 세상에서 모든 사람들이 기회를 찾을 수 있는 방향을 알려줘야 한다."고 말했듯이 소통과 책임의 리더십이 필요하다. 그리고 그러한 이념의 원천은 휴머니즘의 구현, 즉 인간의 존엄성에 있는 것이다.

4차 산업혁명은 단순한 '산업'혁명이 아니다. 과학기술과 경제뿐만 아니라 장생사회, 학문제도, 정치와 법규에 이르기까지 광범위한 영향을 끼칠 것이다. 문화와 제도를 넘어서 인간의 정체성까지 도전을 받게 될 것이다. 클라우스 슈왑의 말대로, 4차 산업혁명은 우리가 일하는 방식what we are doing에 영향을 주는 게 아니라 우리 자체what we are에 영향을 주게 될 것이다. 인간수명의 연장, 영생의 구현, 바이오와 나노의 결합, 인간과 로봇의 경계 등 다양한 법률적, 제도적 문제들이 등장할 것으로 예상되는 것이다.

최근 하버드대학에서도 '새로운 프론티어 정신'이라는 기치를 내걸고, NBICNano, Bio, Information, Cognitive Technology의 지수함수적, 비신형적 발달에 대응하여, 본질적인 도덕적 변화에 대응하는 한편 정책대안 수립crucial ethical questions and policy choices을 미션으로 하는 연구소를 개설하고 첨단 연구와 정책수립에 집중하고 있다.

■ **4차 산업혁명은 산업혁명이 아니다**

	1차 산업혁명	2차 산업혁명	3차 산업혁명	4차 산업혁명
사회	노예제 폐지	–	–	기대 수명, post-human
과학/기술	과학적 합리주의	–	–	지수함수적 증가
경제	산업 자본주의	금융 자본주의	금융/데이터 자본주의	기본소득제, 협력적 공유사회
학문	공교육 및 대학교육	–	–	MOOC (Massive Open Online Course) 평생교육
정치/법제	대의제 민주주의	–	–	직접민주주의, 신계획 경제 (digital lenism)

자료: 윤기영(2017)

■ 새로운 도전과 정부4.0

하버드 대학 케네디 스쿨(JFK)의 미래사회연구소(Future Society)

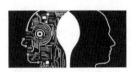

On the Edge of a New Frontier

• NBIC(Nano, Bio, Information, Cognitive Tech)의 지수적 발달에 대응
• 본질적인 도덕적 변화에 대응하고 정책 대안 수립(crucial ethical questions and policy choices)이 임무

2017년 1월 다보스 포럼은 '소통과 책임의 리더십responsive and re-sponsible leadership'이라는 주제로 개최되었다. 주제의 의미는 곧, 4차 산업혁명 시대의 리더는 불안감과 좌절감을 느끼는 사람들에 대해 진솔하게 반응하고, 공정하고 지속 성장이 가능한 대안을 제공해야 한다는 책임감을 가진 리더여야 한다는 것이다.

이처럼 4차 산업혁명 시대의 리더 역시 다보스 포럼에서 제시한 바와 같이 다양한 사회적 문제를 직면함에 있어 불안감과 좌절감을 느끼는 사람들에 대해 진솔하게 반응하는 적극적인 소통을 할 수 있는 역량이 요구되며, 단순히 표심을 위한 포퓰리즘적 정책이 아닌 지속 가능한 성장을 이룰 수 있는 미래 지향적 정책과 제도를 위한 책임감 있는 리더, 즉 한마디로 말해 휴머니즘을 구현하는 리더가 되어야 할 것이다(그림 5-1 참조).

그림 5-1 2017년 다보스 포럼의 대안

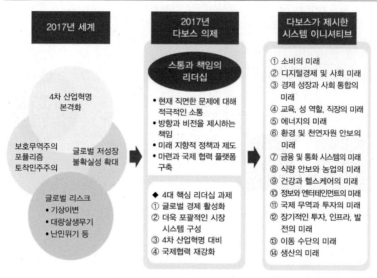

자료: WEF(2017). 현대경제연구원(2017: 9). ≪2017년 다보스 포럼의 주요 내용과 시사점≫에서 수정 재인용.

❷ 새로운 도전과 정부4.0: 제도, 정책 그리고 정부모형[97)]

4차 산업혁명과 정부운영 방식의 변화

4차 산업혁명은 단순한 산업적 변화를 넘어 초연결성, 초지능성, 초예측성을 기반으로 정부의 운영 방식과, 정부를 둘러싼 민간과의 관계 설정 방식 등을 변화시키고 있다. 그렇다면 4차 산업혁명 시대, 새로운 휴머니즘을 바탕으로 정부는 이제 어떻게 변화되어 나아가야 할까?

정부의 운영 방식은 과거 PC 및 전자기기의 단순 활용 수준에서 나아가 네트워크를 기반으로 집약된 빅데이터big data를 통해 공공서비스 수요자에 대한 맞춤형 서비스customized service, 개인별 서비스 personalized service가 가능해졌다.

한편, 업무 방식에 있어서도 실시간 행정정보의 공개를 통해 과거 관료중심의 폐쇄적 업무 방식비밀주의에서 개방된 업무 방식으로 변화할 것이며, 온라인상의 국민의 공적 토론 활성화를 위한 플랫폼이 구축됨으로써 헌법상의 민주주의를 현실 정책결정과정에 구현함으로써 투명한 행정이 가능해질 것으로 기대되고 있다.

그러나 이러한 긍정적 영향 이면에 정보의 격차, 이로 인한 권력의 집중 등 사회적 불평등을 더욱 심화시킬 가능성 역시 상존한다(과학기술정책연구원 미래연구센터, 2016). 즉, 정보통신기술의 발달이 모든 사회문제를 근본적으로 해결할 것이라는 낙관론에 치우쳐진다면 우리는 4차 산업혁명의 역공을 피할 수 없게 될 것이다.

따라서 우리는 디지털 시대의 정치 과정과 권력 작동 방식에 대한 순기능과 역기능을 이해하는 것이 필요하다(과학기술정책연구원 미래연구센터, 2016). 그렇다면, 4차 산업혁명 시대에 정부의 운영 방식은 어떠한 방향으로 나아가야 하는가?

세계경제포럼은 ≪The Future of Government: Lessons Learned from around the World≫를 통해 4차 산업혁명 시대의 정부모형이 FASTFlatter, Agile, Streamlined, Tech-Savvy Government가 되어야 한다고 제시하고 있다. 즉, 4차 산업혁명 시대의 정부는 1) 'Flatter: 수평적 정책결정구조를 통한 신속한 사회문제해결이 가능한 정부', 2) 'Agile: 사회문제의 특성에 따라 자원, 조직, 프로세스 등 스스로 조직화할 수 있는 민첩한 정부', 3) 'Streamlined: 기술의 발전 및 노동시장 재편을 통한 슬림화된 정부', 4) 'Tech-Savvy: 미래 지향적 기술에 능통한 정부'가 되어야 한다고 제시하고 있다. 따라서 정책결정 및 정부서비스 공급 주체가 정부에 한정되지 않고, '누구나'로 확장

표 5-1 제4차 산업혁명 시대의 정부모형: FAST모형

특징	내용
유연성 (Flatter)	**신속한 사회문제해결이 가능한 유연한 정부** 1) Citizen engagement: SNS 및 모바일 디바이스를 활용한 국민의 정책결정 참여의 증대 2) Administrative efficiency: 불필요한 행정적 절차(red-tape) 축소를 통한 행정의 효율성 향상 3) Decision-making process: 빅데이터 기반의 과학적 정책결정 및 협업구조를 통한 수평적 정책결정 4) Intergovenmental and cross-sectoral collaboration: 정부 간 (inter-governmental), 부서 간(cross-sectoral), 주체(agent) 간 네트워크를 통한 사회문제 해결
민첩성 (Agile)	**민첩한 정부** 공공 및 민간의 네트워크를 통해 사회문제해결을 위한 조직을 구성하되, 만약 사회문제해결을 통해 더 이상 동 조직이 필요하지 않을 경우 스스로 탈조직화(de-organization)하는 유연한 정부구조를 말함 공공부문은 1) 광범위한 문제해결역량(broad problem-solving capacity)을 갖춘 숙련된 지식근로자로 구성되어야 하며, 2) 민간부문과의 네트워크를 활용한 관-민 비즈니스 관계의 초지능화 (business intelligence)가 필요
슬림화 (Stream lined)	**슬림화된 정부** 무조건적인 정부규모의 축소가 아닌 전자 정부의 기술적 역량 및 네트워크 방식을 활용하여 정부 규모 대비 효율성을 제고하는 혁신적 방식
기술역량 (Tech- Savvy)	**미래 지향적 기술역량을 갖춘 정부** 수평적 정부(flatter government)이고, 민첩한 정부(agile government), 슬림화된 정부(streamlined government)로의 변화에는 반드시 이를 뒷받침할 수 있는 인프라가 구축되어야 함 이때 인프라는 기술역량 향상뿐만 아니라, 네트워크 환경에 적용 가능한 정책, 법률 및 제도 전반의 재설계를 모두 포함하며, 이를 통틀어 Tech-Savvy로 정의함

자료: World Economic Forum(Global Agenda Council), "Future of Government: Fast and Curious"(2012)에서 수정.

되며, 사회문제해결의 '즉시성'과 '기민성'이 정부역량의 판단 기준이 될 것이다. 이를 위해서는 무엇보다 정부가 정부 운영에 있어 4차 산업 기술을 적극 활용할 수 있도록 기술 인프라가 구축돼야 한다고 말한다.

종합하면, 4차 산업혁명은 3차 산업혁명의 연장선상이라고 할 수 있지만, 근본적인 특성은 확연히 다르다. 즉, 1차, 2차 산업혁명은 동력 및 대량 생산 등으로 인한 오프라인off-line 혁명, 3차 혁명은 지식·정보, 인터넷 등으로 인한 온라인on-line 혁명이지만, 4차 산업 혁명은 1차, 2차의 오프라인off-line 혁명과 3차의 온라인on-line 혁명이 하나로 연결되는 사이버 물리시스템cyber-physical system 혁명이라고 할 수 있는 것이다(현대경제연구원, 2017).

4차 산업혁명과 정부모형

(1) 마크 무어의 정부모형

마크 무어Mark Moore, 1995는 공공가치모형PVM을 제시하고 있다. 공공가치모형은 기존의 관료제모형과 NPM모형을 넘어 공공가치를 창조하는 모형이다. 전통적 관료제모형을 제1세대 정부, 경쟁적 시장가치에 기반을 둔 NPM모형을 제2세대 정부라고 한다면, 단순한 정부와 시장의 이분법적 접근을 넘어서 공공가치를 지향하는 정부모형을 공공가치모형PVM: Public Value Management이라고 불렀다.[98]

마크 무어모형은 공공가치public value를 중요시하는 국정운영모형이다. 공공가치를 중시하는 민주적 국정관리에서는 가치가 무엇인지에 대한 방향을 잡는 일이 무엇보다도 중요해진다. 즉, 일을 열심히 하는 것do things right보다 일의 방향을 정확하게 설정하는 것do the right things이 중요하다. 이런 관점에서 정부3.0은 "정부가 올바른 일을 올바른 방법으로 하도록 하는 정부형태"라고 할 수 있으며, 가트너Gartner, 2010가

언급했듯이, '올바른 방향설정right direction', '변혁transformation'을 강조하는 국정운영모형이라고 하겠다.

표 5-2 정부모형의 변화: 관료제, 신공공관리, 공공가치모형

구분	전통적 관료제모형	신공공관리(NPM)	공공가치모형(PVM)
공익	정치인(행정)에 의한 독단적 정의	고객의 선택으로부터 나타난 개별 선호의 집합	개인과 공공의 선호 (시민의 숙의에 기초)
성과 목표	투입에 초점	투입 및 산출	공공목표의 다양성 • 산출　　　• 성과 • 만족　　　• 신뢰 • 투명성　　• 책임성
책임 체계	정부부처를 통해 정치인, 정치인을 통해 의회로의 상향식	성과계약에 의존한 상향식, 때때로 시장 기제를 통해 고객에 대한 하향식	복합적 책임체계 • 정부의 감독자로서 시민 • 서비스 사용자로서 고객 • 정부예산 제공자로서 납세자
서비스 전달체계	계층제적 관료제 (명령과 통제)	민간 분야 또는 책임운영기관의 활용 (시장기제)	정부 및 민간의 다양한 수단의 조합 • 민간기업, 합작회사, 이익집단, 지역공동체 등 민관협력
서비스 전달방식/ 정신적 기초	정부의 독점 (정부의 일방적 제공)	고객지향적 서비스 (영리의 강조)	정부의 독점은 바람직하지 않음(공공서비스는 공동체의 중요한 공동자원)
시민 참여의 역할	제한적 선거에 의한 간접적 압박	제한적-소비자 만족도 등의 형태로만 표시	다면적 역할(시민, 고객, 납세자 등 핵심 이해관계자)
정부의 역할	정부는 최고지도자(대통령)등 정치적 지시에 따름	성과관리에 치중	• 네트워크 거버넌스를 통한 신뢰구축 • 정부규제 및 권한 정비 • 시민/이용자 선호에 즉각적 대응

자료: Mark Moore(1995); Kelly and Muers(2002)에서 수정인용.

(2) 정부3.0에 대한 비판적 고찰

① 개념

정부3.0은 박근혜 정부의 국정 아젠다agenda로, 개인별 '맞춤 행복'을 위하여 국민 입장에서 행정서비스를 창출하고 제공하는 국민중심 서비스 정부를 지향하는 새로운 정부혁신의 모습을 상징하고 있다. 정부3.0은 정부와 국민 간 양방향 소통을 넘어, 정부가 국민 개인이 원하는 서비스나 정보를 제공하는 정부모형으로서, 투명한 정부·유능한 정부·서비스 정부를 표방하고 있다(안행부, 2013: 2). 즉, 정부3.0이란 '국민중심·현장중심' 행정의 열린 정부 구현을 통해 정부부처 간, 정부와 지자체 간, 정부와 민간 간 정보의 개방과 공유, 소통을 통해 각종 현안을 해결하고 경제활동을 극대화해 국민행복 시대를 열겠다는 목적을 지닌 정부운영모형이다. '국민 모두가 행복한 대한민국'이라는 비전을 중심으로 '수요자 맞춤형 서비스 제공'과 '일자리·신성장동력 창출'을 목표로 하여, 이를 위한 3가지 전략인 '서비스 정부'·'투명한 정부'·'유능한 정부'를 설정하고, '개방·공유·소통·협력'이라는 4대 핵심가치를 표방하였다.

② 실증적 비판

정부3.0모형에 대한 연구결과 여러 가지 현실적 문제점들이 발생하였다. 예컨대, 권기헌 외(2015)의 연구결과, 구체적인 행정 혁신의 의미와 내용, 그리고 범위에 대한 설정이 없이 연계성이 낮은 다양한 주장들과 정책이 범람하고, 후속 사업추진이나 활동과 관련한 평가기준이 혼란스럽다는 문제점이 제기되었다. 이는 단기적으로 보았을 때 이후의 정책성과 판단에 갈등과 혼선이 빚어질 수 있다는 문제점을 안고 있으며, 장기적으로는 향후 정부의 행정서비스 제공에 대한 신뢰 자체가 무너지는 등의 우려를 낳게 되는 것이다.

③ 이론적 비판

정부3.0은 개방·소통·공유·협력 등을 하위 수단으로, 서비스 정부·투명한 정부·유능한 정부를 목표로 하고 있으나, 이는 국민이 주인이 되는 국가'라는 최종목표를 달성함에 있어서 목표-수단의 연결고리가 논리성을 이루지 못하고 있다(권기헌 외, 2015).

이는 박근혜 정부의 정부3.0 개념이 공공가치가 무엇인지, 시대정신이 무엇인지에 대한 근본적 고찰이 이루어지지 못한 채 정부모형이 정립된 데 기인한다. 공권력의 사유화로 인한 국정농단과 권력형 비리문제는 이러한 논의 자체를 원천적으로 무의미하게 만든다. 유능하고 창조적인 정부를 설정하였으나 세월호, 메르스 사태, 구의역 사고, 경주 지진과 같은 대형재난에서부터 미세먼지, 전기요금 누진세와 같은 민생대책에 이르기까지 정부가 얼마나 유능하고 스마트하게 움직였는지에 대해 의문을 갖게 한다. 또한 추상적 개념정의로 인해 정부3.0을 추진하는 일선 현장의 공무원들 역시 혼란을 겪고 있으며, 나아가 국민과의 소통과 공감대 형성에도 어려움이 발생하게 된 것이다.

(3) 정부4.0에 대한 개념적 이해

좋은 거버넌스란 아래 <그림 5-2>에서도 보듯이 생산성, 민주성, 성찰성이 조화를 이룬 정부이다. 스마트 정부 구축을 통해 효율적이고 생산성 높은 정부를 구현하고 국민과의 소통을 원활히 하고 국민의 참여를 증진시키는 민주적인 정부를 구현하면서 더 나아가 국민들이 원하는 시대정신을 정확히 읽고 그에 부응하는 성찰적 정부이다.

앞에서도 언급했듯이, 바람직한 정부모형은 '일을 효율적으로 하는 것do things right'이 아닌 '올바른 방향의 일을 하는 것do the right things'이다. 이러한 관점에서 정부모형의 핵심가치에는 우리 정부의 국정철학과 시대정신이 반영되어야 한다.

　정부4.0모형이 구현된다면 바로 이러한 문제점과 비판을 극복하는 형태의 정부모형이 되어야 한다. 즉, 시대정신에 부응하는 정부모형이 되어야 한다. 정치4.0, 산업4.0을 양대 축으로 하고, 이를 효율적으로 추진하기 위한 정부모형이 구축되어야 한다. 정치적으로는 소득격차 해소, 공동체 회복, 공적인 사회안전망 강화 등 따뜻한 공동체를 지향하는 정치4.0 정신을 구현하고, 경제적으로는 새롭게 다가오고 있는 산업혁명4.0 물결에 능동적으로 대처하여 AI, 로봇, 바이오,

그림 5-2 정부1.0, 2.0, 3.0의 도식적 이해

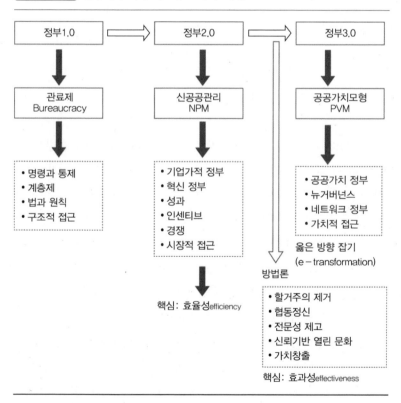

그림 5-3 좋은 거버넌스의 개념적 이해

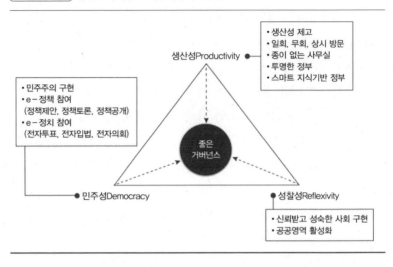

빅데이터 등 신기술에 대응하는 산업4.0을 뒷받침하는 스마트한 정부 모형을 구현해야 할 것이다.

과거 정부3.0이 주로 모바일에 기반한 맞춤형 정부를 구현한 것이라면, 정부4.0은 융합과 소통을 지혜로 묶어내는, 인공지능에 기반을 둔 창조지능형 정부가 되어야 한다. 그리하여 정치4.0, 산업4.0, 자본4.0, 시민4.0을 하나로 꿰는 일관된 패러다임을 갖추어야 하며, 그 궁극적 철학은 국민들의 인간존엄성 실현에 두어야 한다. 즉, 정부4.0이란 휴머니즘Humanism을 대전제로 창조변혁을 이끄는 정부 패러다임으로서, 인공지능을 기반으로 하는 창조지능형 정부이다. 한 축으로는 정치4.0이 구현하고자 하는 양극화 극복 및 따뜻한 공동체를 지향하는 공동체 민주주의를 뒷받침하고, 다른 한 축으로는 산업4.0이 구현하는 융합과 혁신을 뒷받침하는 스마트한 정부를 지향한다. 산업과 산업 간의 융합과 미래를 예측할 수 있는 인공지능, 빅데이터 등 스마트기술들을 활용하여 세계 경제와 미래 산업에 대한 대비를 목표로 한다.

(4) 4차 산업혁명과 정부모형4.0

4차 산업혁명은 바람과 같다. 손에 잡히지 않아도 느낄 수 있으며, 그 바람에 편승하여야만 하늘로 날아갈 수 있다. 4차 산업혁명의 실체를 보거나 만질 수는 없지만, 우리는 이미 그 한 가운데에 있으며, 이 바람에 올라타는 나라만이 미래를 선도할 수 있다.

따라서 우리는 어떤 방식으로든 신기술의 융합과 도전에 우리만의 솔루션을 찾아내야 한다. 4차 산업혁명에 부응할 수 있도록 불필요한 규제를 없애고, 이에 대응할 수 있는 '민첩한 정부agile government'로 거듭나야 한다. 지속적으로 기술진보에 대응하면서 새로운 메커니즘을 찾아내는 방향성direction, 기민성agility, 탄력성resilience의 방향 모색이 필요한 시점이다(권기헌, 2017).

또한 4차 산업혁명 시대의 정부모형은 단순히 최첨단기술에 목표를 두어서는 안 된다. 기술의 발전은 기민한 사회문제해결과 이를 통한 국민의 삶의 질 향상, 인간의 인간다운 삶의 고취 등 인간을 위한 기술로 거듭나는 것이 중요하다. 국가행정은 초연결성, 초지능성, 초예측성 강화를 통해 궁극적으로 인간의 존엄성을 지향하는 미래의 첨단과학행정으로 나아가야 한다(아래 그림 5-4 참조).

이를 본고에서는 정부모형4.0으로 지칭하고자 하며, 이를 실현하기 위한 구체적 전략을 3가지로 나눠, 지혜 정부, 소통 정부, 융합 정부라는 방향으로 정리하고자 한다.

① **지혜 정부**: 단순 지식의 축적을 넘어 빅데이터를 기반으로 한 타당성 높은 인지예측 시스템을 통해 복잡적 난제wicked problem를 해결할 수 있는 지혜 정부로 나아가야 한다. 즉, 4차 산업혁명의 빅데이터기술을 적극 활용하여 클라우드 기반의 차세대 행정정보 인프라 구축이 필요하다. 이를 통해 지능행정을 구현

197

함으로써 4차 산업혁명 시대에 새로이 나타날 수 있는 근본적인 사회적 문제, 예컨대 양극화 심화, 노동시장의 재편, 일자리 문제 등에 대한 정부의 선제적 대응을 해야 할 것이다.[99]

② **소통 정부**: 정부의 공공서비스 확산에 있어 인공지능AI을 활용한 개별 맞춤형 서비스를 통해 공적인 사회안전망을 강화해야 한다. 이는 기존의 스마트 정부와는 다른 개념이다. 과거 모바일 기기를 활용한 행정능률 향상에 초점을 두는 것이 아니라, 초연결성, 초지능성, 초예측성을 바탕으로 정책공여자와 정책수혜자 간의 소통을 통하여 정책수혜자의 개인적personalized 수요에 부합하는 완전한 맞춤형customized 정부서비스를 구현하는 것을 말한다. 즉, 인공지능 소프트웨어를 행정서비스에 적용시키는 것에 주안점을 두기보다 이를 토대로 정책수혜자와의 소통을 통한 맞춤형 서비스의 제공, 공적인 사회안전망의 강화, 나아가 인간의 존엄성을 지향하는 미래과학행정으로 나아가야 한다.

③ **융합 정부**: 정부를 비롯한 국회, 민간, 비영리기관 등 각계각층의 적극적 노력이 수반되는 열린 정부open platform가 구축되어야 한다. 클라우스 슈밥K. Schwab 회장은 2016년 자신의 저서 ≪제4차 산업혁명The Fourth Industrial Revolution≫을 통해 "신기술의 발전과 수용을 둘러싼 엄청난 불확실성 때문에 4차 산업혁명이 가져올 변화가 어떤 방식으로 전개될지는 아직 알 수 없다. 그렇지만 과학기술의 복잡성과 여러 분야에 걸친 상호연계성 면에서는 정·재계 및 학계, 시민사회를 포함한 지구촌의 모든 이해관계자들이 이 새로운 기류를 보다 더 잘 이해하기 위해 서로 협력할 의무가 있음을 시사한다."(K. Schwab, 2016)고 밝혔다.

그림 5-4 정부모형4.0

new paradigm: 정부4.0

VISION Humanism(human dignity), public value

| 목표 | 인공지능기반 창조지능형 정부(vs 모바일기반 맞춤형 정부) |

- 인간의 존엄성을 지향하는 미래과학행정(초연결성, 초지능성, 미래예측강화)
- 최첨단 기술이 도래하는 시대: 그러나 기술이 인간을 위한, 인간의 기술이 중요

| 전략 | 융합 정부 | 지혜 정부 | 소통 정부 |

- 인지예측기반 지능행정 구현: 클라우드 기반 차세대 행정정보 인프라 구축
- 지능형 의사결정체계: 사회 현안에 대한 최적의 대안과 정책개발
- 인공지능 및 빅데이터 활용: 시공간의 제약이 없는 행정서비스 제공

──────── 핵심내용 ────────

1. 저성장 시대, 양극화 심화: 사회적 약자 재교육 및 대책마련
2. 인간 고유의 감성과 창의성에 기반한 신성장 산업 발굴: 새로운 일자리 창출
3. 인공지능 SW를 행정서비스에 적용: 공적인 사회안전망 강화
4. 정치4.0, 산업4.0, 정부4.0, 시민4.0 등 일관된 패러다임 필요

자료: 권기헌(2017 : 182). ≪정부혁명4.0: 따뜻한 공동체, 스마트한 국가≫에서 수정.

특히, 4차 산업혁명이 가져올 혁신적인 변화의 흐름을 주도해 나가기 위해서는 정치혁신이 매우 중요하다. 클라우스 슈밥K. Schwab 회장 역시 "기술이 진보될수록 이에 맞는 입법 시스템이 마련되어야 지속적으로 발전할 수 있다."며 기술적 진보에 따른 입법부의 중요성을 강조하고 있다. 즉, 4차 산업혁명에서 글로벌 시장을 선점하는 국가 경쟁력 강화를 위해서는 기술 간 융합과 함께 행정부와 입법부, 중앙

부처와 지방자치단체, 정부 – 시장 – 시민사회 등 다양한 방면에서의 융합과 협력이 필요하며, 이를 위한 전략적 거버넌스가 특히 요구된다고 하겠다(그림 5-4) 참조).

❸ 새로운 휴머니즘 시대: 통합과 포용의 리더십[100]

첨단기술만으로 문제해결이 가능할까?

AI, 빅데이터, IoT, 로봇, 드론 등을 중심으로 4차 산업혁명에 대한 논의가 한창 진행 중이다. 하지만 4차 산업혁명의 신기술도 중요하지만 무엇보다 우리 사회의 바람직한 미래 실현을 위해 중요한 점은 '복잡한 문제일수록 대화와 합의가 필요하다는 것'이다.

복잡성이 낮은 문제는 문제의 일부분만 고치거나 혹은 과거의 방식이나 권위자의 지시에 따를 때 해결될 수 있지만, 복잡성이 높은 문제는 문제의 당사자들이 새로운 해결책을 찾아내어 조직 전체를 변화시킬 때만이 해결될 수 있다. 즉, 복잡성이 높은 문제의 풀이는 해결책을 찾을 때까지 끊임없이 대화하는 것뿐이다. 열린 생각, 열린 감정, 열린 태도가 핵심이다.

결과에 대한 합의뿐만 아니라, 과정에 대한 합의가 더 중요하다. 다양한 주체가 참여해 논의를 지속함으로써 사회적 문제해결을 위한 통합적 노력을 지속하는 가운데, 신뢰가 형성되고 이를 바탕으로 한 사회적 자본social capital이 구축되는 것이다.

따라서 말하기와 듣기, 그리고 대화를 통하여 이 시대의 분열주의에 머무르지 않고 광범위한 사회적 합의를 이끌어 낼 수 있는 통합과 포용의 리더십이 필요한 것이다(아담 카헤인, 2007).

사람은 왜 싸울까?

힘의지의 충돌 때문이다. 힘의지이 충돌하여 한 치도 물러서지 않고, 팽팽할 때 사회갈등이 오고, 그러한 갈등이슈들로 꽉 찬 사회를 초갈등사회라고 한다. 우리나라가 지금 그렇다. 정파 간 한 치의 양보도 하지 않는 갈등, 계층 간 양극화 갈등, 노사 간 갈등, 세대 간 갈등, 지역 간 갈등, 남북 간 안보갈등 등 열거하기 어렵다.

기존에는 이러한 문제를 해결하기 위해 힘에 의존한 강압적인 해결방식을 지향하였다. 가령 가정에서 아이들끼리 다툼이 일어나 양보가 없으면 부모가 해결한 것과 비슷하게 조직에서 구성원끼리 다툼이 일어나면 조직 상사가 해결했다. 국가 간 다툼이 일어나면 전쟁을 통해 해결했다.

선천 시대에는 니체와 같은 대단한 철학자 역시도 "살아있는 모든 것들은 힘을 추구하며 자신을 강화하고 고양시키려 하기 때문에 세계에서의 투쟁이 불가피하다."고 보았다. "니체가 모는 세계에서 살아있는 것들은 자신의 감각적 욕망을 충족시키기 위해서가 아니라 자신의 힘을 확인하고 증대시키기 위해 싸운다. 이 세상은 모든 것들이 서로 힘을 겨루는 세계이고, 니체는 이러한 현실을 냉정하게 인정하는 것이 중요하다."고 말한다.[101]

하지만 이런 방식은 심각한 후유증을 낳고 사회적 자본을 갉아먹는다.

좀 더 지속가능하고 평화로운 해결방안은 없을까?

아담 카헤인은 자신의 경험을 토대로 시나리오 씽킹 플래닝을 제시했다. 아담 카헤인은 1991년 남아공에서 당시 첨예했던 흑백갈등을 시나리오 씽킹 플래닝을 통해 해결한 당사자이다. 그는 몽플레 컨퍼런스를 통해 남아공 미래지도자들과 함께 화해와 상생적 방안을 도출하는 데 성공했다. 그의 경험과 지혜는 ≪통합의 리더십Solving Tough Problems≫≪포용의 리더십Power and Love≫에 잘 정리되어있다. 이 책을 읽고 나면 통합과 포용을 위해서는 성찰이 꼭 필요하다는 것을 알게 된다.

따라서 우리는 아담 카헤인의 남아프리카공화국 성공사례를 짚어봄으로써 우리나라 정치 경제 현상을 풀어나가는 지혜를 얻어 볼까 한다.

남아프리카공화국의 성공사례

시나리오 씽킹 플래닝은 결과보다는 과정을 중요시했다. 그 과정에서 복합적 이해관계자들 간의 창의와 성찰을 중요시한다. 남아프리카공화국의 성공사례에서도 확인해볼 수 있다.

아담 카헤인이 남아공으로 가기 전, 남아프리카공화국은 몇 가지 관점에서 사회적 갈등에 직면했었다. 1980년대, 인종분리정책으로 인해 흑인과 백인이 대립했으며, 소수 백인을 대표하는 정부와 급진적 반대세력인 흑인 간에 무력충돌이 발생했다. 클리크 대통령은 1990년 만델라 석방 및 반대세력 합법화 등 정치적 노력을 시도했지만, 그럼에도 불구하고, 남아공의 갈등을 쉽게 해결되지 못한 채 무정부상태가 계속되었다.

이때, 남아공의 웨스턴케이프 흑인대학 교수인 르 루는 새로운 프로젝트를 준비하고 있었다. 르 루가 프로젝트를 준비한 이유는 남아공의 성공적인 전환을 이끌기 위한 전략이 필요했기 때문이었다. 그는 더 나은 남아공의 미래를 만들기 위해 구성원들의 협동을 유도하는 현실 참여적인 시나리오를 만들고 싶어 했다. 이를 위한 시나리오 기획을 위해 다국적 석유회사인 쉘shell의 전략 연구원이었던 아담 카헤인의 자문을 받기로 했다.

그렇게 아담 카헤인은 남아공에서 중립조정자facilitator의 역할을 하게 된다. 그리고 몽플레 컨퍼런스를 기획했고, 성공시키게 된다. 몽플레 컨퍼런스의 성공요인은 무엇일까? 아담 카헤인은 성공요인을 다음 4가지로 꼽았다.

첫째, 대화와 담론의 장을 마련했다. 몽플레montflare는 전원적인 풍경을 가진 아름다운 포도농장이다. 이곳에 위치한 평화로운 컨퍼런스 회의장에서 상이한 인종과 배경을 지닌 22인의 참여자들은 성공적인 결과물을 도출했다. 대화하는 곳의 전원적 풍경도 성공요인 중 하나로 작용했다. 그리고 그들은 물고기 뱃속을 관찰하듯, 어려운 문제의 본질 속으로 들어가 문제의 원인과 해결방안에 대해 토론했다.

둘째, 부정적인 언어를 사용하지 않았다. 단순해보이지만, 사용하는 언어를 긍정적으로 바꿈으로써 리더들의 사고방식과 태도가 변했다는 점도 매우 중요하게 작용했다.

셋째, 정치지도자들의 대화 참여와 실사구시적 접근이다. 정치지도자들은 보여주기식이 아니라, 직접 그들의 미래에 대해 골똘히 고민하면서 참여자들과 대화를 나누었다. 토론의 결과 역시 실질적인 정책으로 반영되었다. 새로 세력을 잡은 흑인 정부는 몽플레 컨퍼런스의 시나리오에 주목했다. 시나리오를 통해 자칫하면 이상적인 계획추구를 내용으로 하는 이카루스 시나리오로 남아공을 파탄에 빠뜨릴 뻔한 상황을 조화와 통합의 플라밍고 시나리오로 바꿀 수 있는 단초가 제공되었다. 남아공의 '성장과 고용과 재건설GEAR'이 실현되는 중요한 계기가 된 것이다. 사람들은 이를 "위대한 U턴The Great U-Turn"이라고 불렀다.

넷째, 대화와 담론을 통해서 사회적 문제를 해결할 수 있다는 가능성을 발견했다. 남아공 국민들은 직접 대화와 담론을 통해 사회적 갈등을 해결했고, 통합과 포용의 중요성을 직접 체험했다.

몽플레 컨퍼런스를 아담 카헤인과 함께 진행시켰던 자보르스키는 성공요인에 대해 다음과 같이 정리했다.

"우리가 어떻게 행동하느냐에 따라 미래의 모습이 결정된다. 즉, 만약 개인과 조직이 물러나서 상황을 관망하는 대신, 혹은 한 치도 양보하지 않는 대신, 창의성을 가지고 시나리오 플래닝scenario planning을 통해 움직인다면, 앞으로 일어날 미래를 성공적으로 창조할 수 있는 것이다."

에필로그

　본서는, 정책학과 인문학의 만남이라는 주제를 중심으로, 인문학의 '거장'들을 만나보았다. 그들이 공통적으로 이 시대가 주는 '아픔'에 대해, 그 해결책에 대해 던져주는 '혜안'은 무엇일까 하는 문제를 고찰해 보았다.

　그들이 살았던 시대는 광범위하며, 고민했던 테마 역시 광범위했다.

　쇼펜하우어나 니체처럼, 아직 '근대성'이 싹트기도 전에, 시대의 '아픔'을 고민하면서, 새로운 시대의 여명을 트는 실존주의 철학을 제시했던 학자도 있고, 하이데거, 한나 아렌트처럼 히틀러의 나치와 세계대전이라는 인류 문명의 '진통기'를 견뎌내면서, 인간의 '실존'과 '자아'의 아픔에 대해 묵묵히, 혹은 통렬히 직면하고자 했던 학자도 있다.

　철학적 패러다임을 바꿈으로써(쇼펜하우어나 니체, 혹은 하이데거처럼) 우리에게 철학에 대한 근본적 통찰력을 제공해 준 사람들도 있는가 하면, 프로이트와 같은 학자는 인간과 사회의 병리 현상은 인간자아의 '무의식'적 심연을 분석하지 않고는 해결될 수 없다고 하여, 인간 '정신분석'의 방법론을 심도 있게 제시하기도 했다. 한편 아들러처럼 인간자아의 결정은 생물학적 유전이나 환경에 있다고 보지 않고, 인간 정신의 주체성과 독립성을 강조하면서 열등감을 자신감으로 변형시키는 주체적 노력을 강조한 학자도 있다.

　또한, 한나 아렌트처럼 우리 사회에 또 다른 형태로 존재할지도 모를 '전체주의'와 '악의 평범성'에 대해 주의를 놓치지 말고, 꾸준히 시민들은 자신의 주체성과 독립성을 키워나가면서, 자신의 '실존'이 지니는 존재론적 향상심을 키워나가야 한다고 주장한 학자도 있다.

하지만, 개인과 사회의 우울증은 줄어들 기미를 보이지 않고 오히려 병증은 점점 더 심해지고 있으니, 칙센트미하이, 마틴 셀리그만 같은 학자는 '몰입'과 '긍정'에 대해, 가드너와 같은 학자들은 '창의성'과 '실존지능'을 발현시키고 창달시키는 방법들에 대해 제시해 주었다.

우리가 살고 있는 현대사회는, 실로 가변적이고, 불확실하며, 복잡하고, 모호성으로 가득 차 있다. 현대사회의 복합성 속에서, 우린 갈 길을 잃고 방황하기도 한다. 위에서 말한, 위대한 인생을 살다간 학문과 철학의 거장들이, 만약 이 시대에 돌아와 다시 산다면 무슨 해결책을 제시했을까? 본서는 이러한 인문학적 궁금증을 토대로, 역사를 살다간 인문학 거장들의 정책학적 지혜를 한번 검토해 보았다.

학문과 철학의 거장들은 먼저 개인적 차원에서 자신의 '자아'를 직시하고 '모순'을 극복하는, 변혁적 인간이 되라고 주문했을 것 같다. 어느 시대를 살았던, 그 누구도 '실존적 아픔'이 없었던 적은 없었으니, 걱정하지 말고, 열등감은 치워버리고, 당당히 나서며 '자신' 속에서 '자존감'을 정립해가라고 외쳤을 것 같다.

둘째, 이 아픔은, '무의식' 심연에 담긴 모순과 열등의식에서 올 수 있으나, 그 누구도 그럴 수 있다는 점과 함께 지금 아니면 그러한 문제들을 해소해 나갈 수 없음을 직시하고, 두려워말고 놀라지도 말며, 자신의 삶을 충실하게 채워나가라고 주문했을 것이다.

셋째, 독서하고 여행하고 경험하면서, 자신과 사회를 하나씩 배워나가라고 말했을 것 같다. 그리하여 자신의 내면에 내공과 지식들, 니체가 말한 '벌꿀'들을 채워나가며, 자신을 자존감으로 가득 채운 '빛나는 삶'을 살아나가는 '초인超人'이 되라고 말했을 것 같다. 쇼펜하우어처럼 염세주의를 극복하고, 자신의 실존적 삶을 직면하면서 자신이 해야 할 바를 묵묵히 해나가는 가운데, 재산이나 명예와 같은 외관적 행복에만 너무 집착하지 말고, 자신의 내면의 밀도를 높이는 진정한 행복을 추구해 나가라고 말했을 것이다.

넷째, 자기 안의 긍정성과 창의성을 계발해야 하며, 칙센트미하이처럼 혹은 하워드 가드너처럼 독서와 몰입의 방법론을 제시했을 것이다.

다섯째, 자신의 주체성과 독립성을 세우며, 자기 안에 존재하는 타자와 세상을 연결하는 끈, '초의식'을 발견하고 이를 함양시켜 나가는 '공부'를 하라고 했을 것 같다. 그리하여 마침내, 자신의 내면을 '변혁'시키는 의식혁명을 통해, 의식의 '준위position'가 바뀌는 '양자도약 quantum leap'을 이루라고 했을 것이다.

국가 혹은 사회적 차원에서는 무슨 말을 했을까?

무엇보다도, 인간의 존엄성을 증진시키는 정책학 패러다임에 주목했을 것이다. 단순한 '자유'도 공리적 '복리'도 아닌, 인간 내면에 존재하는 제3의 이성, 즉 타자와 공동체의 삶, 혹은 미래에 대해 사유하고 성찰하는 실천적 이성에 대해 주목했을 것이다. 정책학이 정초하는 가치 비판론적 발전관과 주관적 극대화의 원리에 기초한 휴머니즘 철학에 대해 재조명했을 것이다. 인간의 존엄성과 민주주의 정책학이 지니는 철학적 이상을 그리면서 우리 사회의 근본적 문제를 탐색하는 실용적 학문으로서의 문제지향성, 맥락지향성, 연합학문성의 3대 원리에 대해서도 고찰했을 것이다.

둘째, 우리 사회에 존재하는 '근본적' 문제에 대해 탐색하고, 현대사회의 복합적인 '큰' 문제'mega' problem(가령, 초갈등사회, 대형재난, 저출산과 고령화 시대의 인구절벽 현상 등 현대사회의 정책문제는 대부분 여러 부처가 관여된 '큰' 문제들임과 동시에 쉽게 해결책이 보이지 않는 '사악한' 문제들이다.)에 대한 '창의적' 대안과 담론 제시를 주문했을 것이다.

셋째, 정책흐름모형과 정책지지연합, 사회구성이론 등 현대정책모형들에 대해 주목하는 한편, 우리 사회의 골이 깊은 갈등 양상들을 치유할 수 있는 긍정심리학의 정책학적 접목에 대해서도 고민했을 것이다.

넷째, 신뢰와 협력 등 사회적 자본과 함께 긍정심리자본을 키울 수 있는 방안들에 대해 고민하며, 이를 기초로 등권과 협치를 이루는 뉴 거버넌스의 정책학적 접목에 대해서도 검토했을 것이다.

다섯째, 미래예측에 대해서도 탐구하며, 새로운 문명의 흐름을 주도하고 있는 4차 산업혁명의 도도한 파고波高에 대해서 조망하는 가운데, 이들이 몰고 올 인간성 상실의 위험에 대응하는 새로운 휴머니즘의 철학적 기초에 대해서도 정립했을 것이며, 일자리 감소, 사회적 양극화 등 사회 현상에 대한 창조적 대안 탐색 역시 주문했을 것이다.[102]

마지막으로, 유발 하라리의 역사관에 대해서도 주목했을 것이다. 사피엔스가 살아왔던 역사적 궤적에 대해 탐구하고, 사피엔스 즉, 인류의 미래에 대해서도 한번 생각해보는 한편 사피엔스가 지니는 담대한 상상력으로서의 담론의 힘에 대해서도 한번 고찰해보았을 것이다.

유발 하라리 교수의 역사적 해석에 주목하는 한편, 인간이 사피엔스로서 존재 가능했던 종합적 인간관에 대해서도 한번 숙고해 보자. 인간을 육체-마음-영혼을 갖춘 영적 실재로서 파악했을 때, 새로운 휴머니즘과 진정한 인간의 존엄성에 대한 철학적 비전이 견고해진다. 인간이 지닌 생물학적 자아와 함께 형이상학적 자아에 대한 탐구를 놓치지 않을 때 인간 존재에 대한 실존적 토대가 더욱 건실해지며, 이는 다가오는 4차, 5차 산업혁명이라는 초과학, 첨단과학기술의 물결 속에서도, 인간이 진정한 '인간됨'을 잃지 않는 인간 존엄성이라는 철학적 토대의 정초定礎가 될 것이다.

끝으로, 이 작은 책자가 정책학의 인식적 지평을 확장하는 데 조금이라도 도움이 되었으면 하는 바람을 가지면서 글을 맺는다.

찾아보기

미 주

1) 조앤 치티스터. (2013). 『무엇을 위해 아침에 일어나는가: 인생 오랜 질문들에 세상의 모든 지혜가 답하다』. 판미동. p.273.
2) 조앤 치티스터. (2013). 『무엇을 위해 아침에 일어나는가: 인생 오랜 질문들에 세상의 모든 지혜가 답하다』. 판미동. p.288.
3) 조앤 치티스터. (2013). 『무엇을 위해 아침에 일어나는가: 인생 오랜 질문들에 세상의 모든 지혜가 답하다』. 판미동. p.269.
4) 마틴 셀리그만. (2014). 『마틴 셀리그만의 긍정심리학』. 김인자·우문식 역. 물푸레.
5) 마틴 셀리그만. (2014). 『마틴 셀리그만의 긍정심리학』. 김인자·우문식 역. 물푸레.
6) 초자아는 도덕률에 따라 세 가지 기능을 수행한다. 첫째, 초사아는 사회적으로 비난받을 수 있는 원초아의 충동을 금지시키고자 한다. 둘째, 자아가 이성적인 고려가 아니라 도덕적인 고려에서 행동하도록 강제한다. 셋째, 개인이 사고, 말, 행위에서 절대적 완벽성을 갖도록 지도한다.
   김동배 외, 2006; 이희영 외, 2013.
7) 스웨덴보리. (2009). 『스웨덴보리의 위대한 선물』. 스웨덴보리 연구회 역. 다산초당. p.20-21.
8) 디팩 초프라. (2014). 『마음의 기적』. 도솔 역. 황금부엉이. p.128.
9) 디팩 초프라. (2014). 『마음의 기적』. 도솔 역. 황금부엉이. p.225.
10) 디팩 초프라. (2014). 『마음의 기적』. 도솔 역. 황금부엉이. p.223.
11) 디팩 초프라. (2014). 『마음의 기적』. 도솔 역. 황금부엉이. p.223.
12) 박찬국. (2017). 『초인수업: 나를 넘어 나를 만나다』. 21세기북스. p.39-40.
13) 박찬국. (2017). 『초인수업: 나를 넘어 나를 만나다』. 21세기북스. p.34-35.
14) 이소윤·이진주. (2015). 『9번째 지능: 같은 재능, 전혀 다른 삶의 차이』. 청림출판.
15) 괴테. (2016). 『곁에 두고 읽는 괴테』. 이정은 역. 홍익출판사. p.9-12, 17-18.
16) 한형조·이창일·이숙인·이동희·최진덕. (2012). 『근사록: 덕성에 기반한 공동체, 그 유교적 구상』. 한국학중앙연구원출판부. p.13.
17) 이 장의 내용은 필자의 졸저, 『정책학 콘서트』를 토대로 수정·보완하였다. 좀 더 자세한 논의는 "권기헌. (2018). 『정책학 콘서트: 정책학과 인문학 거장들의 삶』 참조바람.
18) 니체. (2010). 『인생론 에세이: 어떻게 살 것인가』. 이동진 역. 해누리. p.86-89.
19) 니체. (2010). 『인생론 에세이: 어떻게 살 것인가』. 이동진 역. 해누리. p.90-92.
20) 니체. (2010). 『인생론 에세이: 어떻게 살 것인가』. 이동진 역. 해누리. p.43.
21) 이것을 알고나면 유체이탈, 임사체험, 죽음 이후에 의식, 영혼이 어떤 방식으로 우리 몸(육체)을 떠나게 되는지도 이해할 수 있게 된다.

22) 칙센트미하이. (2005).『몰입』. 최인수 역. 한울림. p.396.

23) 캔디스 퍼트. (2009).『감정의 분자』. 김미선 역. 시스테마. p.28.

24) 조지프 르두.『시냅스와 자아』. 강봉균 역. 동녘사이언스. p.8.

25) 조지프 르두.『시냅스와 자아』. 강봉균 역. 동녘사이언스. p.118.

26) 로맹 롤랑. (2006).『라마크리슈나』. 박임, 박종택 역. 정신세계사. p.34-35.

27) 신지과학의 용어로 설명한 내용이다. 좀 더 자세한 내용은 다음 문헌 참조바람.
Lisa Montero. (2001). "Man, God and the Cosmos". *Theosophical
Society*. Powerpoint Slides of Dr. KVK. Nehru.

28) 이소윤·이진주. (2015).『9번째 지능: 같은 재능, 전혀 다른 삶의 차이』. 청림
출판. p.52.

29) 권기헌. (2012).『정의로운 국가란 무엇인가』. 박영사. p.169-172.

30) 이 장에서 논의되는 내용은 졸저,『유발 하라리, 사피엔스, 휴머니즘의 미래』
을 참조·수정하였음.

31) 유발 하라리. (2015).『사피엔스』. 조현욱 역. 김영사.

32) 스토리포유, 유튜브 동영상. "진화 인류애2, 우리는 무엇을 향해 진화해 갈까요?"

33) 스웨덴보리. (2009).『스웨덴보리의 위대한 선물』. 스웨덴보리 연구회 역. 다
산초당. p.20-21.

34) 스웨덴보리. (2009).『스웨덴보리의 위대한 선물』. 스웨덴보리 연구회 역. 다
산초당. p.267-270.

35) 스웨덴보리. (2009).『스웨덴보리의 위대한 선물』. 스웨덴보리 연구회 역. 다
산초당. p.269, 274-275, 293-294.

36) 조앤 치티스터. (2013).『무엇을 위해 아침에 일어나는가: 인생 오랜 질문들에
세상의 모든 지혜가 답하다』. 판미동. p.288.

37) 조앤 치티스터. (2013).『무엇을 위해 아침에 일어나는가: 인생 오랜 질문들에
세상의 모든 지혜가 답하다』. 판미동. p.288.

38) 조앤 치티스터. (2013).『무엇을 위해 아침에 일어나는가: 인생 오랜 질문들에
세상의 모든 지혜가 답하다』. 판미동. p.289.

39) 조앤 치티스터. (2013).『무엇을 위해 아침에 일어나는가: 인생 오랜 질문들에
세상의 모든 지혜가 답하다』. 판미동. p.279.

40) 조앤 치티스터. (2013).『무엇을 위해 아침에 일어나는가: 인생 오랜 질문들에
세상의 모든 지혜가 답하다』. 판미동. p.280.

41) 조앤 치티스터. (2013).『무엇을 위해 아침에 일어나는가: 인생 오랜 질문들에
세상의 모든 지혜가 답하다』. 판미동. p.281.

42) 소걀 린포체. (1999).『티베트의 지혜』. 오진탁 역. 민음사. p.89.

43) 소걀 린포체. (1999).『티베트의 지혜』. 오진탁 역. 민음사. p.89.

44) 소걀 린포체. (1999).『티베트의 지혜』. 오진탁 역. 민음사. p.89.

45) 정창영. (2000).『바가바드 기타』. 시공사. p.263-264.

46) 소걀 린포체. (1999). 『티베트의 지혜』. 오진탁 역. 민음사. p.94-95.

47) 디팩 초프라. (2014). 『마음의 기적』. 도솔 역. 황금부엉이. p.128.

48) 디팩 초프라. (2014). 『마음의 기적』. 도솔 역. 황금부엉이. p.222.

49) 디팩 초프라. (2014). 『마음의 기적』. 도솔 역. 황금부엉이. p.223.

50) 디팩 초프라는 인간 존재를 세 가지 차원으로 나눴다. 첫 번째 차원은 물질과 에너지로 구성된 물질적인 몸이다. 두 번째 차원은 미묘한 몸으로 불리는 것으로, 에테르체, 아스트랄체, 멘탈체 등이 해당되며, 지능과 에고 즉 생각(인식), 감정(정서), 느낌(의지) 등이 포함된다. 세 번째 차원은 보다 미묘한 몸으로 코잘체(인과체)에 해당되며, 영(靈)과 지성, 정신(spirit)을 의미한다.
디팩 초프라. (2014). 『마음의 기적』. 도솔 역. 황금부엉이. p.206, 224.

51) 디팩 초프라. (2014). 『마음의 기적』. 도솔 역. 황금부엉이. p.128.

52) 굳이 구분을 하자면, 대자연(우주)의 영(Spirit), 무한지성을 전체 영(우주의식, 우주지성), 한얼, 대령(大靈), 일대심령(一大心靈), 기독교에서는 하나님, 힌두교에서는 브라흐만, 불교에서는 法身佛이라고 하고, 개체 영은 영혼(soul)이라고 한다. 하지만 깨어난 자, 각자(覺者)에게 있어서 이 둘은 이분법으로 다가오지 않는다. 즉, 그가 바로 의식 자체가 되고, 그 자신이 바로 존재의 드러나지 않은 바탕임을 깨닫게 되는 것이다(不二中道).

53) 디팩 초프라. (2014). 『마음의 기적』. 도솔 역. 황금부엉이. p.205.

54) 디팩 초프라. (2014). 『마음의 기적』. 도솔 역. 황금부엉이. p.225.

55) 디팩 초프라. (2014). 『마음의 기적』. 도솔 역. 황금부엉이. p.134-135.

56) 정창영. (2000). 『바가바드 기타』. 시공사. p.268-273.

57) 정창영. (2000). 『바가바드 기타』. 시공사. p.262-263, 272.

58) 정창영. (2000). 『도덕경』. 시공사. p.263.

59) 정창영. (2000). 『도덕경』. 시공사. p.265.

60) 로맹 롤랑. (2006). 『라마크리슈나』. 박임, 박종택 역. 정신세계사. p.17-18.

61) 로마노 과르디니. (2016). 『삶과 나이: 완성된 삶을 위하여』. 김태환 역. 문학과지성사. p.188.

62) 로맹 롤랑. (2006). 『라마크리슈나』. 박임, 박종택 역. 정신세계사. p.31-32.

63) 수잔네 뫼부스. (2017). 『쇼펜하우어, 의지와 표상으로서의 세계』. 공병혜 역. 이학사. p.284-285.

64) Yehezkel Dror. (2017). 『For Rulers : Priming Political Leaders for Saving Humanity from Itself』. Westphalia Press.

65) 괴테. (2016). 『곁에 두고 읽는 괴테』. 이정은 역. 홍익출판사. p.9-12, 17-18.

66) 쇼펜하우어. (2017). 『쇼펜하우어 인생론: 행복한 인생을 위한 강연』. 박현석 역. 나래북. p.42.

67) 조앤 치티스터. (2013). 『무엇을 위해 아침에 일어나는가: 인생 오랜 질문들에 세상의 모든 지혜가 답하다』. 판미동. p.17.

68) 니체. (2010). 『인생론 에세이: 어떻게 살 것인가』. 이동진 역. 해누리. p.33-35.

69) 사이토 다카시. 『혼자 있는 시간의 힘』. 위즈덤하우스. p.69.

70) 뤽 페리. (2015). 『철학으로 묻고 삶으로 답하라』. 성귀수 역. 책읽는 수요일. p.331－333.

71) 뤽 페리. (2015). 『철학으로 묻고 삶으로 답하라』. 성귀수 역. 책읽는 수요일. p.335.

72) 로마노 과르디니. (2016). 『삶과 나이: 완성된 삶을 위하여』. 김태환 역. 문학과 지성사. p.156.

73) 뤽 페리. (2015). 『철학으로 묻고 삶으로 답하라』. 성귀수 역. 책읽는 수요일. p.331, 334.

74) 뤽 페리. (2015). 『철학으로 묻고 삶으로 답하라』. 성귀수 역. 책읽는 수요일. p.332.

75) 로마노 과르디니. (2016). 『삶과 나이: 완성된 삶을 위하여』. 김태환 역. 문학과 지성사. p.179.

76) 조앤 치티스터. (2013). 『무엇을 위해 아침에 일어나는가: 인생 오랜 질문들에 세상의 모든 지혜가 답하다』. 판미동. p.28.

77) 디팩 초프라. (2014). 『마음의 기적』. 도솔 역. 황금부엉이. p.48.

78) 한국경제신문. (2017). "전체주의 악몽 끝나지 않았다 [다시 읽는 명저]". 11월 23일.

79) 한국경제신문. (2017). "전체주의 악몽 끝나지 않았다 [다시 읽는 명저]". 11월 23일.

80) 한국경제신문. (2017). "전체주의 악몽 끝나지 않았다 [다시 읽는 명저]". 11월 23일.

81) 한국경제신문. (2017). "전체주의 악몽 끝나지 않았다 [다시 읽는 명저]". 11월 23일.

82) 한국경제신문. (2017). "전체주의 악몽 끝나지 않았다 [다시 읽는 명저]". 11월 23일.

83) 강준만. "악의 평범성: 우리는 왜 이렇게 사는 걸까?" [인물과 사상사]. 동아백과사전.

84) 강준만. "악의 평범성: 우리는 왜 이렇게 사는 걸까?" [인물과 사상사]. 동아백과사전.

85) 한국경제신문. (2017). "전체주의 악몽 끝나지 않았다 [다시 읽는 명저]". 11월 23일.

86) 맹자는 중용에서 "하늘의 천명은 성(性)이며天命之謂性, 그 천명을 따르는 것을 도(道)라 하며率性之謂道, 그 도덕을 함양하는 것을 교(敎)라 한다修道之謂敎." 이처럼 철학과 인문학은 "우주에 대한 형이상학에서 시작하여 개인과 가족, 공동체와 국가를 관통"하고 있다. "우주가 원형이정(元亨利貞)의 사덕(四德)으로 자신의 길을 가고 있듯이, 인간은 자신의 깊은 곳에 인의예지(仁義禮智)의 본성을" 함양하고 이를 주변과 나누어 실천해야 하는 것이다. 보다 자세한 내용은, 한형조 · 이창일 · 이숙인 · 이동희 · 최진덕. (2012). 『근사록: 덕성

에 기반한 공동체, 그 유교적 구상』. 한국학중앙연구원출판부. p.36. 참조바람.

87) 한형조·이창일·이숙인·이동희·최진덕. (2012).『근사록: 덕성에 기반한 공동 체, 그 유교적 구상』. 한국학중앙연구원출판부. p.144.

88) 한형조·이창일·이숙인·이동희·최진덕. (2012).『근사록: 덕성에 기반한 공동 체, 그 유교적 구상』. 한국학중앙연구원출판부. p.65.

89) 한형조·이창일·이숙인·이동희·최진덕. (2012).『근사록: 덕성에 기반한 공동 체, 그 유교적 구상』. 한국학중앙연구원출판부. p.13.

90) 한형조·이창일·이숙인·이동희·최진덕. (2012).『근사록: 덕성에 기반한 공동 체, 그 유교적 구상』. 한국학중앙연구원출판부. p.13.

91) 한형조·이창일·이숙인·이동희·최진덕. (2012).『근사록: 덕성에 기반한 공동 체, 그 유교적 구상』. 한국학중앙연구원출판부. p.141.

92) 한형조·이창일·이숙인·이동희·최진덕. (2012).『근사록: 덕성에 기반한 공동 체, 그 유교적 구상』. 한국학중앙연구원출판부. p.140.

93) 이 장에서 사용된 논조는 필자의 졸저,『정부혁명4.0』(행복한 에너지, 2017) 을 토대로 수정·보완하였다. 정책의 품격, 이상, 시대정신, 국정지도자의 자질 등에 대한 좀 더 자세한 논의는 졸저,『정의로운 국가란 무엇인가』(박영사, 2012) p.150－175. 참조바람.

94) 피터 비에리. (2017).『삶의 격: 존엄성을 지키며 살아가는 방법』. 문항심 역. 은행나무. p.21－22.

95) 피터 비에리. (2017).『삶의 격: 존엄성을 지키며 살아가는 방법』. 문항심 역. 은행나무. p.23.

96) 권기헌. (2003).『정보체계론』. 나남. p.185－191을 수정·보완하여 인간관에 대해 정리함.

97) 이 장에서 논의되는 내용은 졸저,『정책학강의』(박영사, 2014)를 참조·수정 하였음.

98) 정부3.0, 정부3.0과 전자정부3.0의 관계 등 좀 더 상세한 내용에 대해서는 졸 저,『행정학강의』(박영사, 2014). 785－797 참조바람. 아울러, 졸저,『대한민 국 비정상의 정상화』(행복에너지, 2014)에 제시된 정부3.0이론을 수정·보완 하였음.

99) 새로운 산업기술에 대한 재교육 프로그램 신설을 통한 인적 자본의 강화, 인간 고유의 감성과 창의성에 기반한 신성장 산업 발굴 등이 대안이 될 수 있다.

100) 이 장에서 논의되는 내용은 졸저,『정책학 콘서트』를 참조·수정하였음.

101) 박찬국. (2017).『초인수업: 나를 넘어 나를 만나다』. 21세기북스. p.93.

102) 본문의 셋째, 넷째, 다섯째 등에서 언급한 정책모형, 긍정심리학, 뉴거버넌스, 미래예측, 4차 산업혁명에 대한 좀 더 심도 깊은 논의에 대해서는 졸저,『정 책학 콘서트』를 참조바람.

이 QR 코드를 스캔하면 『정책학의 향연』의
참고문헌을 열람할 수 있습니다.

저자약력

권기헌

한국외국어대 행정학과 졸업(행정학 학사)
서울대 행정대학원 졸업(행정학 석사)
미국 하버드대 졸업(정책학 석사, 정책학 박사)
제26회 행정고시 합격
상공부 미주통상과 근무
세계 NGO 서울대회 기획위원
미국 시라큐스 맥스웰 대학원 초빙교수
중앙공무원교육원 정책학교수
행정자치부 정책평가위원
행정고시 및 외무고시 출제위원 역임
한국연구재단 전문위원(Review Board-PM)
한국정책학회 편집위원장 역임
국무총리 정부업무평가위원
2015 한국정책학회장
現 성균관대학교 국정전문대학원장
　　성균관대학교 행정학과 교수

수　상

국무총리상 수상(제26회 행정고시 연수원 수석)
미국정책학회(APPAM) 선정 박사학위 최우수논문 선정
한국행정학회 학술상(최우수논문상) 수상
미국 국무성 풀브라이트재단 학자(Fulbright Scholarship) 선정
대한민국 학술원 우수학술도서 선정(정보체계론, 나남)
대한민국 학술원 우수학술도서 선정(정책학의 논리, 박영사)
문화체육관광부 우수학술도서 선정(정책학, 박영사)

주요저서

≪정책학 콘서트≫ ≪행정학 콘서트≫
≪정책학 강의≫ ≪행정학 강의≫
≪정의로운 국가란 무엇인가≫ ≪대한민국 비정상의 정상화≫
≪정부혁명 4.0≫ ≪정의로운 공공기관 혁신≫
≪포기하지마! 넌 최고가 될거야≫ ≪E-Government & E-Strategy≫
≪정책분석론≫ ≪정책학의 논리≫ ≪미래예측학: 미래예측과 정책연구≫
≪전자정부론: 전자정부와 국정관리≫
≪정보체계론: 정보사회와 국가혁신≫ ≪정보사회의 논리≫
≪전자정부와 행정개혁≫ ≪과학기술과 정책분석≫ ≪정보정책론≫
≪창조적 지식국가론≫ ≪시민이 열가는 지식정보사회≫
≪정보의 신화, 개혁의 논리≫ ≪디지털 관료 키우기≫

정책학의 향연

초판발행   2018년 7월 20일

지은이   권기헌
펴낸이   안종만

편 집   조보나
기획/마케팅   정연환
표지디자인   김연서
제 작   우인도 · 고철민

펴낸곳   (주) **박영사**
              서울특별시 종로구 새문안로3길 36, 1601
              등록 1959. 3. 11. 제300-1959-1호(倫)
전 화   02)733-6771
f a x   02)736-4818
e-mail   pys@pybook.co.kr
homepage   www.pybook.co.kr
ISBN   979-11-303-0585-1   93350

정 가   17,000원